Ética en la calle

Ciencias Humanas y Sociales

Eduardo Infante
Ética en la calle
Más #FiloRetos para la vida cotidiana

Ariel

PEFC Certificado

Este libro procede de
bosques gestionados
de forma sostenible

PEFC

PEFC/14-38-00305   www.pefc.es

© Eduardo Infante Perulero, 2025
© J. Mauricio Restrepo, por las ilustraciones del interior, 2025

Derechos exclusivos de edición en español:
© Editorial Planeta S. A., 2024
  Ariel, un sello editorial de Editorial Planeta, S. A.
  Avda. Diagonal, 662-664, 08034 Barcelona (España)
  www.ariel.es

Adaptación de la cubierta: Booket / Área Editorial Grupo Planeta
Ilustración de la cubierta: © Pixelbox Studio
Primera edición en Colección Booket: mayo de 2026

Depósito legal: B. 25.189-2026
ISBN: 978-84-08-31977-1
Impreso en España

Biografía

Eduardo Infante (Huelva, 1977) es filósofo y autor del superventas internacional *Filosofía en la calle*. Su trabajo parte de una convicción: la filosofía solo tiene sentido si sirve para pensar la vida y vivir el pensamiento. Por eso la entiende como un diálogo vivo, incómodo y exigente, capaz de sacudir certezas y obligarnos a responder por lo que creemos. Fiel al espíritu socrático, practica la filosofía allí donde haya una pregunta: en aulas y bares, en cárceles y bibliotecas, en ayuntamientos y empresas… y también en las redes sociales, donde desafía a miles de lectores con sus populares #FiloRetos. En Ariel ha publicado también *Salvar a Sócrates*, *No me tapes el sol* y *Aquiles en TikTok*.

 @eledututor

 eduardo_infante_filosofia

 https://eduardoinfante.net/

A Robert.
«Los hijos sois lo que los mortales
tenemos en lugar de la inmortalidad»

Índice

Índice

Instrucciones para leer este libro

Tienes en las manos un libro de ejercicios para pensar. La ética comenzó a practicarse como ejercicio del pensamiento, hace más de dos milenios, en las plazas de las ciudades griegas. Esta obra pretende recuperar esa manera de hacer ética y crear una plaza pública virtual que permita a los lectores juntarnos para dialogar sobre alguna de las preguntas que los ciudadanos de hoy nos formulamos. Cada capítulo plantea un #FiloReto, una pregunta que la propia vida nos plantea hoy, pero también brinda algunas de las respuestas que la filosofía ha aportado. No se ofrece una única solución al #FiloReto. Este no es un libro de matemáticas, sino de ética, y debería servirte para ejercitar el pensamiento en colaboración con otros. Encontrarás respuestas contrapuestas que invitan al debate, a tomar partido por una de ellas y que sea el mismo lector quien juzgue cuál de las alternativas es la más justa. Puedes dialogar sobre cada #FiloReto con tu pareja, tus amigos o tus compañeros, pero también puedes usar las redes sociales para encontrarte con otros lectores. Cada capítulo concluye con un código QR. Si lo escaneas tendrás acceso a un hilo de X en el que puedes dejar tu opinión e interactuar con otros lectores o con el autor. A través de esta red social debatiremos, nos cuestionaremos y aprenderemos juntos. No importa la edad que tengas: si te gusta ejercitar el pensamiento y tienes un *smartphone* a mano, estás invitado a practicar la ética; porque, como nos enseñó Epicuro, nadie, por joven o por viejo que sea, debería esperar para ponerse a filosofar, pues nunca es ni demasiado pronto ni demasiado tarde para cuidar de la salud del alma.

Introducción

> Es un hecho que todo filósofo eminente, durante los últimos dos siglos, o ha sido asesinado o, al menos, estuvo muy cerca de serlo; hasta tal punto que si alguien quiere llamarse filósofo y nunca nadie ha atentado contra su vida es seguro que carece de importancia.

> THOMAS DE QUINCEY,
> *Del asesinato considerado como una de las bellas artes*

Si sigues leyendo es bajo tu responsabilidad. Luego, querido lector, cuando ya estés muerto, no te quejes de que nadie te avisó. Debes ser cauto y prestar mucha atención porque te estás adentrando en la más peligrosa de todas las disciplinas. Si piensas que el krav magá o el muay thai son las artes más letales, si crees que los que intentan escalar los 8.091 metros del Annapurna se juegan la vida, o si consideras que nada descarga más adrenalina que correr más rápido que la muerte pilotando un Fórmula Uno a 378 kilómetros por hora sobre

13

el negro asfalto del circuito de Bakú, es que aún no conoces la ética.

Al tipo que la inventó se lo cargaron sus propios vecinos porque se negó a dejar de practicarla. Era un señor mayor, regordete, calvo, de nariz chata y ojos saltones. Tenía un carácter afable y un mordaz sentido del humor. No se le conocía ni oficio ni beneficio. Se pasaba el día deambulando por la ciudad, hablando con conocidos y desconocidos. Era famoso por desesperar con sus preguntas al más paciente de los atenienses. Inquiría sobre asuntos tan obvios que la gente dudaba de si era un loco que merecía lástima o un listillo que necesitaba un escarmiento por su maliciosa ironía. En cierta ocasión torturó a un pobre zapatero preguntándole, hasta el anochecer, qué cosa era un zapato. Cada vez que el artesano le ofrecía una definición, la rechazaba por inexacta o imprecisa y demandaba una nueva respuesta, hasta que el artesano, a pesar de haber dedicado toda una vida a la fabricación de calzado, tuvo que reconocer públicamente que, sobre zapatos, «no sabía nada».

El señor en cuestión (o, mejor dicho: el señor cuestionador) era Sócrates. Un buen día, tres ciudadanos, Ánito, Meleto y Licón, hartos de que Sócrates los examinase, pusiese en duda la forma de vida ateniense, sus tradiciones y sus valores, resentidos por haber perdido más de una discusión con el filósofo y cansados de aguantar la chulería del que se definía a sí mismo como una mosca cojonera, urdieron un plan para quitárselo de en medio. La primera fase de su confabulación consistía en difamar a Sócrates. El filósofo gozaba de prestigio por haber sido un héroe de guerra en el pasado y un ciudadano ejemplar en el presente. Una vez socavada su reputación sería mucho más fácil destruirlo definitivamente. Para tal empresa contrataron los servicios de Aristófanes, un escritor de comedias, a quien untaron bien de dinero. Aristófanes representó *Las nubes* ante toda la ciudad. Su obra era un libelo que presentaba a un Sócrates embaucador, tergiversador del lenguaje, que hacía uso de malas artes para ganar cualquier discusión; corrupto, capaz de defender la mentira y la inmoralidad por provecho propio o por puro ego. Hoy, los enemigos de Sócrates hubiesen contratado a un periodista sin escrúpulos, a un *influencer* o, si el dinero les alcanzase, al consejo directivo de un gran «medio de manipulación de masas». Aristófanes, muy bien pagado, construyó un personaje con los defectos que, posteriormente, se convertirían en los cargos que le imputaron al Sócrates real. Cuentan que cuando se representó la obra, el filósofo permaneció todo el tiempo de pie, para que así los espectadores pudieran discriminar el Sócrates real del personaje inventado por Aristófanes. Pero de poco le sirvió. Los bajos instintos nos incitan a odiar y envidiar a los buenos hombres antes que a amarlos y emularlos. Sigmund Freud nos advirtió que en el ser humano se oculta una sucia y oscura pulsión que obtiene placer destruyendo. Solo hay que darse una vuelta por las redes sociales para evidenciar cómo la difamación, el insulto y el odio gratuito continúan siendo nuestro deporte nacional. La de Aristófanes fue quizá el primer linchamiento digital de la historia de la democracia, y Ánito, Meleto y Licón los primeros *haters*.

Una vez superada la primera fase, la destrucción del padre de la ética fue coser y cantar. Aunque Meleto presentó formalmente la acusación, el verdadero impulsor era Ánito, un político influyente que estaba resentido con Sócrates. Meleto solo era un oportunista que buscaba notoriedad y Ánito era un poderoso dispuesto a destruir al filósofo que había humillado a su ego. Licón era un orador mediocre; hoy sería un tertuliano o un *youtuber*.

La vanagloria, la maldad y la estupidez suelen ser buenas aliadas.

La acusación, acto de impiedad, aunque hoy nos pueda parecer *peccata minuta*, era gravísima. En los oídos de un ateniense de la época debía sonar como en los nuestros lo hacen conceptos como la pertenencia a una banda armada o el abuso de menores. También hay que decir que era contradictoria e inconsistente, ya que por un lado se acusaba a Sócrates de ser un ateo furibundo y por otro de practicar una religión no oficial. Y, por si colaba, puestos a formular acusaciones falsas, se añadió también el delito de corrupción de la juventud. Esto último no ha de entenderse mal: no se le acusaba de pederastia; esta era, más o menos, tolerada en el mundo griego de la época. Aunque, si la historia hubiese ocurrido en nuestros tiempos, es muy posible que el trío de resentidos la hubiese incluido en su escrito de acusación, ya que una forma rápida y eficaz de deshacerte hoy de una persona es denunciarla por algún tipo de delito sexual (pensemos en Junot Díaz o Kevin Spacey). La corrupción que se le imputaba a Sócrates era la de cuestionar las normas morales, los valores y, sobre todo, el modelo educativo con el que se adoctrinaba a los jóvenes atenienses. Sócrates venía a ser como ese profesor tocanarices que no obedece ciegamente a los postulados de la ley educativa de turno ni se pliega acríticamente a la moda pedagógica del momento, y al que tanto los inspectores de educación como los comerciales de las empresas que han encontrado en la escuela pública un nicho de mercado tendrían unas irresistibles ganas de darle un buen escarmiento.

Ese escarmiento llegó un cálido día de primavera del año 399 a. C. El juicio se celebró en un edificio parecido a un teatro griego cercano al Ágora de Atenas. En sus gradas se sentaron 501 ciudadanos elegidos por sorteo con el mandato expreso de juzgar a su conciudadano Sócrates. La sesión comenzaba con la lectura de la acusación. Luego tomaban la palabra las partes que podían presentar testigos. El siguiente paso del proceso era una primera votación que se efectuaba depositando una piedra sobre dos ánforas. Tras el recuento, hablaban nuevamente las partes y, una vez hecho público el resultado, la sentencia era inapelable. Si el fallo era de culpabilidad, cada parte hacía una propuesta de sentencia. El sistema estaba diseñado para que el acusado aceptase su culpabilidad proponiendo una pena menos dura que la de la acusación, pero que pudiese ser validada por el tribunal. Si el acusado jugaba bien sus cartas, podía conmutar la pena de muerte por una simple multa, aunque, con ello, renunciaba a su inocencia. Finalmente, se efectuaba una segunda votación en la que el jurado se decantaba por una de las dos alternativas de pena.

Nadie de los presentes, ni amigos ni enemigos, imaginaba cómo iba a terminar un proceso que, a todos, salvo a uno, se les fue de las manos. Quizá Sócrates, perro viejo y conocedor de los abismos del alma humana, era el único que no se sorprendió. Aunque las circunstancias eran desfavorables para el filósofo, en principio, todos, tanto amigos como enemigos, querían que, o bien saliese absuelto, o bien se le imputase una pena mínima, como una multa. El objetivo de sus enemigos era humillarlo, no matarlo; solo querían impedir que Sócrates siguiera viviendo como vivía; se trataba de segarle la dignidad, no la vida; de destruir su imagen, no su persona.

Los amigos de Sócrates consiguieron que el mejor orador de Grecia, Lisias (hoy sería el mejor abogado del mejor bufete del mundo), le escribiese un discurso que le hubiese absuelto inmediatamente. La fórmula era simple y eficaz: comenzar dorando la píldora a los jueces, continuar pidiendo perdón y prometiendo no volver a ejercer la ética jamás de los jamases para terminar tocando sus corazoncitos al hablarles de cómo su muerte dejaría a una mujer viuda y a unos niños huérfanos. Pero el filósofo se pasó el discurso de Lisias por el arco del triunfo. Prefirió morir hablando como Sócrates que vivir claudicando como Lisias, y se arrancó como un toro bravo, advirtiendo a los presentes que no defendería su vida con palabras bellas, sino con la verdad.

Los jueces le propusieron que no tendrían en cuenta el relato de sus acusadores y lo liberarían inmediatamente a condición de que dejase de ir por ahí filosofando y molestando a la gente de bien, a condición de que abandonase su modo de vida. A la oferta se añadió la amenaza de que como lo pillasen otra vez ejerciendo el oficio, moriría sin contemplaciones. La respuesta de Sócrates a la propuesta aún nos pone a muchos los pelos de punta y nos sigue recordando qué es la dignidad, la virtud y la belleza:

Yo, atenienses, os aprecio y os quiero, pero voy a obedecer a mi conciencia antes que a vosotros y, mientras me quede algo de aliento y sea capaz, no dejaré de filosofar y de preguntar al que me encuentre: mi buen amigo, ¿no te avergüenzas de estar más preocupado en tu vida por ganar más dinero para comprar más cosas y exhibirte ante los demás que en aumentar tu inteligencia, para encontrar la verdad y engrandecer tu alma? Y si alguno de vosotros se atreve a decir que ya lo hace, *le voy a interrogar, a examinar y a refutar*. Y como compruebe que afirma ser bueno sin serlo, le reprocharé que no tiene ni pajolera idea de qué es lo bueno y, lo que es peor, que tiene por valioso lo que carece de valor. Y ojo, pienso seguir haciendo esto con todo el que me encuentre, ya sea joven o viejo, forastero o ciudadano.

Es más, estoy convencido de que con ello hago un gran servicio público a esta ciudad que tanto amo. Tan seguro estoy de ello, que no voy a hacer otra cosa, aunque hubiera de morir mil veces.

Así que, si vas a practicar la ética, debes tener en cuenta en qué jardín te metes y cuáles son los riesgos que asumes. La pregunta ética es, a los hechos me remito, la más peligrosa de todas. Y, ¿cuál es esa pregunta? ¿Cuál es el problema que tanto interesaba a Sócrates y por el que tuvo que pagar tan alto precio? Pues es aquella que todo hijo de vecino, ya sea profesor de filosofía, jugador de fútbol, peluquero, policía o comercial de vinos termina respondiendo con la manera en que vive: ¿cuál es la forma de vida más digna? O si formulamos la pregunta de otra manera: ¿qué es lo «realmente» bueno para el ser humano? Para resolver este enigma, el que practica la ética no se conforma con su intuición, con ese olfato moral que, en la mayoría de los casos, nos informa sobre qué es lo que debemos hacer; tampoco con la sabiduría moral de la tradición a la que pertenece, recibida principalmente a través de la familia y la escuela. Porque, insistimos, lo que importa es descubrir lo que «realmente» es bueno. No se trata de desvelar qué es lo que me gusta, lo que deseo o lo que conviene a mi interés propio. Para ese viaje no se necesitan alforjas. No hace falta ser ningún Sócrates para conocer cuáles son las preferencias personales de uno, pero sí para preguntarse si, en una sociedad de consumidores como la nuestra, en la que deseamos lo que otros desean que deseemos, no estaremos tomando por bueno lo que «realmente» no lo es. En ética tratamos de descubrir qué es lo mejor que cualquiera podría hacer y ser en unas circunstancias determinadas, al margen de nuestro género, clase social o tradición cultural.

Se trata, como decía Sócrates, de «examinar la vida» para encontrar en cada uno de sus instantes, ya sean excepcionales o vulgares, qué es lo que la hace digna de ser vivida. En definitiva, se trata, como nos enseñó Sócrates, de vivir la vida de tal manera que sea preferible perder la vida, que el modo en la que esta se vive. Hacer ética es volver una y otra vez al juicio de Sócrates: defender, razonar y justificar, ante los demás hombres libres, el propio modo de vida como el más digno para cualquiera en tales circunstancias.

Pero ¿para qué examinar la vida? ¿Por qué complicarse tanto la existencia? ¿Por qué no seguir ciegamente los preceptos de la moral y la religión de nuestros antepasados y, con ello, disfrutar de la estima de los hombres y del cielo de los dioses? Porque la recompensa de la ética es incomparablemente mayor que la aprobación de los demás y que el paraíso: el premio por una vida examinada es la posesión de la propia vida. Sócrates, perdiendo la vida, la ganó, mientras que la forma en que muchos se la ganan, hace que la pierdan. A más de uno se le podrían regalar cien años más de existencia y los seguiría malgastando estúpidamente.

Puede que el lector piense que los tiempos, desde Sócrates, han cambiado mucho, que la práctica de la ética no entraña ya ningún peligro y que vivimos en una sociedad plural en la que todos gozamos de libertad de pensamiento y expresión. Puede incluso que piense que el filósofo ateniense no solo sería tolerado, sino bienvenido en nuestros foros. Que el lector no se confíe ni subestime al enemigo. Para muestra un botón: Peter Singer publicó en 1980 la primera edición al inglés de *Ética práctica*, un manual que se ha usado en universidades e institutos de todo el mundo y que se hizo famoso, más allá de las aulas, por recoger argumentos a favor de la eutanasia. Pues bien, según confiesa el propio Singer en el prólogo de su obra:

Siempre tuve claro que las conclusiones que defiendo provocarían muchos desacuerdos. Pero lo que no esperaba es que hubiera quienes tratarían de impedir que se debatiera sobre los argumentos del libro *[lo cierto es que, si no estás preparado para oír en la universidad una opinión divergente a la tuya, lo más probable es que no estés preparado para estar allí. Y sigue Peter Singer:]*, sin embargo, a finales de la década de 1980 y a principios de la década siguiente, en Alemania, Austria y Suiza la oposición ante las opiniones sobre la eutanasia alcanzó tal paroxismo que los congresos o conferencias en las que se me había invitado a hablar se cancelaron, y los cursos impartidos en las universidades alemanas que empleaban el libro como material pedagógico fueron sometidos a continuas interrupciones hasta el punto de que tuvieron que suspenderse. En 1991, en Zúrich, cuando traté de dar una conferencia, una persona saltó al escenario, me arrancó las gafas, las tiró al suelo y las pisoteó *[menos mal que el señor que creía estar haciendo lo correcto no llevaba cicuta encima]*. Tuvieron lugar protestas menos violentas en la Universidad de Princeton en 1999, cuando me concedieron una cátedra de bioética. Quienes rechazaban mis opiniones bloquearon la entrada del edificio administrativo central de la universidad exigiendo que se rescindiera mi nombramiento. Steve Forbes *[un Ánito de nuestra época]*, miembro del consejo de la universidad y, en aquel momento, candidato a la nominación republicana a la presidencia de los Estados Unidos, anunció que, mientras yo siguiera en la universidad, esta dejaría de recibir sus donaciones. Tanto el presidente de la universidad como yo mismo recibimos amenazas de muerte.

Como se puede apreciar, el estado de la cuestión no ha cambiado mucho desde que Sócrates inventó la ética. Si, a pesar de todo, el lector no ceja en su empeño de practicarla, deberá enfrentarse al primero y más crucial de todos sus dilemas: ¿arriesgarse a perder la vida por ganar lo que la hace digna o conservarla a costa de perder la dignidad? Si eres de los primeros, pasa a la siguiente página; si eres de los segundos, cierra este libro inmediatamente, vuelve a la librería y cámbialo por uno de psicología positiva, autoayuda o *coaching*. La ética es solo para valientes.

A CAMINAR SE APRENDE CAMINANDO, LA ÉTICA DIALOGANDO

Desgraciadamente, la escultura más célebre de Auguste Rodin se ha convertido en un lugar común para representar a la filosofía. Es un gran error por dos razones. La primera es que *El pensador* no es un filósofo, sino un poeta, y basta leer *La República* de Platón para saber a dónde mandó a los poetas el discípulo más famoso de Sócrates. Si el lector aún no lo sabe, puede hacerse una idea imaginando el lugar al que enviaría a su jefe, a su profesor de filosofía o a su suegra. Lo que esculpió Rodin no fue un filósofo, sino a un Dante Alighieri hipermusculado dando vida a su *Divina comedia*. Pues bien, a excepción de Platón, ningún filósofo ha gozado de un cuerpo tan atlético. Nosotros somos más de dar paseos al caer la tarde que de hacer abdominales. La segunda razón para desechar esta escultura como símbolo del filosofar, y la más importante, es que nos da la falsa sensación de que la filosofía es una actividad que se realiza a solas, apartándose del mundo y encerrándose en uno mismo. Desde esta óptica, pareciera que el pensamiento se destila lentamente a partir de un silencioso monólogo. Por utilizar un símil gastronómico, filosofar a la manera de *El pensador* sería una especie de «yo me lo guiso y yo me lo como», y esto ha hecho que, tristemente, la filosofía, a veces, se haya convertido en un engrudo intelectual indigesto, solo comestible para el mismo personaje que lo guisó.

Filosofar es otra cosa bien distinta, y tan apasionante que nadie que ame la vida debería renunciar a su práctica. Abstenerse de filosofar equivale a la insensata e insana penitencia de quienes se privan de los manjares que la existencia nos ofrece y mortifican sus cuerpos terrenales en el más acá para ganarse un pase vip en el más allá.

Como alternativa a *El pensador* de Rodin proponemos *La escuela de Atenas*, aquel fresco pintado por Rafael Sanzio para decorar la pared que soportaría la colección de libros de filosofía de la biblioteca privada del papa Julio II. Sanzio pintó al *dream team* de los filósofos griegos. El centro de la cancha lo ocupan los dos capitanes del equipo: Platón y Aristóteles. El primero, ataviado con una toga rojiza, sostiene uno de sus diálogos en la mano izquierda, mientras que con la derecha señala hacia los cielos. Aristóteles, con toga azul, fija su vista en los ojos del que fue su maestro mientras que con su mano izquierda sostiene su *Ética* y con la derecha hace un gesto que invita a bajar la mirada y observar la tierra que los sostiene a ambos. Los dos capitanes están flanqueados por los más grandes filósofos de la antigüedad: Pitágoras, Hipatia, Parménides, Jenofonte, Sócrates, Epicuro, Diógenes, Heráclito y Plotino, entre otros. Si a Sanzio le hubiesen encargado pintar al *dream team* que dejó boquiabierto al mundo en los juegos olímpicos de Barcelona 92, seguro que el centro del fresco lo ocuparían Michael Jordan y Larry Bird, sosteniendo balones en lugar libros, y seguro que todos los miembros de ese equipo serían inmortalizados jugando al baloncesto; porque lo que hacen los jugadores de baloncesto es justamente eso, esta y no otra es la actividad que los define. Pues bien, ¿qué hacen los filósofos? ¿Cuál es la actividad que los define? La que están practicando el Aristóteles y el Platón que pintó Sanzio: dialogar.

La filosofía no es un monólogo solitario, sino un diálogo cooperativo y, en este sentido, se parece más a un juego de equipo, como el baloncesto, que a una práctica individual, como el *running*. Los ciudadanos griegos lo practicaban (el diálogo, no el baloncesto) en el gimnasio. Los primeros hombres libres de la historia eran conscientes de que para que la democracia funcionase de verdad, la ciudadanía debe aprenderse y ejercitarse como se aprende y se ejercita el baloncesto. Porque nadie discierne, juzga, argumenta y consensúa de forma espontánea; todo esto es algo que, insistimos, se aprende y se entrena mediante el diálogo filosófico.

Me gusta definir la filosofía como la gimnasia del ciudadano. Deberíamos pensarlo dos veces antes de permitir que los tecnócratas la supriman de nuestro sistema educativo bajo el pretexto de que no tiene utilidad para el mercado. Porque la filosofía no es una materia superflua para la democracia, sino todo lo contrario, es su condición de posibilidad. No es que sin filosofía no existiría una ciudadanía crítica; la cuestión es que sin filosofía no habría ciudadanía. Así que preocupémonos, con urgencia, de conservar nuestra condición de ciudadanos y evitemos ser rebajados a la de meros consumidores, porque de poco sirve ser críticos cuando ya se es un esclavo. Y para todo ello, nada mejor que encontrarnos en el gimnasio y entrenar juntos.

El gimnasio griego era el espacio donde los ciudadanos se encontraban y entrenaban en comunidad. El cuerpo con la gimnasia, la sensibilidad con la música y el juicio con la filosofía. En un gimnasio griego se hacía deporte, se daban consejos de nutrición y de medicina, se practicaba la danza o la cítara, se asistía a conferencias de toda índole, pero, sobre todo, se dialogaba. En los gimnasios tenía lugar un auténtico intercambio espiritual que abonaba el alma de los ciudadanos para que en ella floreciesen las virtudes públicas necesarias para construir el cuerpo político de la democracia. Como explicó Werner Jaeger, especialista en Aristóteles, en su libro *Paideia: los ideales de la cultura griega*:

> Los gimnasios eran lugares más importantes que cualesquiera otros, pues en ellos se reunía la gente de un modo regular [...] La atención se abría a los problemas humanos de carácter general [...] El espíritu, con toda su fuerza flexible y su suave elasticidad, podía desplegarse allí [...] Surgió así una gimnasia del pensamiento que pronto tuvo tantos partidarios y admiradores como la del cuerpo y que no tardó en ser reconocida como lo que esta venía siendo desde antiguo: como una nueva forma de *paideia*.

Nuestros actuales gimnasios han quedado reducidos al cultivo del cuerpo y nuestras escuelas priorizan los saberes productivos, un tipo de conocimiento que es más propio de siervos que de hombres libres. Si queremos que las virtudes públicas vuelvan a germinar, necesitamos volver a dotarnos de lugares donde cultivarnos juntos como personas libres, embellecer la vida, engrandecer el espíritu, pero, sobre todo, necesitamos abandonar la hostilidad y la polarización para volver a dialogar.

El diálogo filosófico que tenía lugar en el gimnasio capacitaba para participar en el diálogo político que acontecía en el Ágora, la plaza pública donde se construyen los proyectos comunitarios. El diálogo filosófico, y por ende también el político, no es un ejercicio retórico por el cual uno aprende a defender o atacar cualquier posición. Es más bien un ejercicio espiritual que exige a los interlocutores una determinada ética. No se trata de imponer «nuestra verdad»; muy al contrario, el diálogo enseña a ponerse en el lugar del otro y a sobrepasar nuestro punto de vista. No se trata de renunciar a nuestras convicciones, sino de integrarlas en una totalidad mayor. Pero un auténtico diálogo tan solo es posible cuando se quiere dialogar de verdad, por eso es tan importante ir renovando este acuerdo en cada etapa de la discusión, anotando y explicitando los puntos o las ideas que han soportado la refutación y que, por tanto, han sido admitidos como verdaderos por todos los participantes: ¿no estamos de acuerdo en esto? ¿Aceptamos entonces esto otro como válido? ¿Recuerdas que anteriormente habíamos determinado juntos que...? Así, los interlocutores, en la medida en que se someten a la racionalidad y a la universalidad, van descubriendo una verdad que, como la de las matemáticas, es independiente de quien la dice. El objetivo final del diálogo filosófico es que los participantes lleguen a admitir en común posiciones que rebasan sus limitados puntos de vista particulares. Consiste en un esfuerzo, hecho en común, por dos amigos que quieren, como decía Platón, «cazar juntos la verdad», o como bellamente expresó Antonio Machado en sus *Proverbios y cantares*:

> *¿Tu verdad? No, la Verdad,*
> *y ven conmigo a buscarla.*
> *La tuya, guárdatela.*

Dialogar es difícil, sin duda, pero debemos tener muy presente cuáles son las nefastas consecuencias de negarse a hacerlo. Los filósofos Karl-Otto Apel y Jürgen Habermas consideraron que la causa de la muerte de la democracia en Alemania y el triunfo del totalitarismo fue la renuncia del pueblo alemán a dialogar. Hitler hizo uso de un discurso emocional (muy similar al que comienza a popularizarse en nuestra vida política y en las redes sociales) que hacía innecesario el argumento. Los ciudadanos alemanes no necesitaban razonar, tan solo sentir y obedecer al líder. El caudillo era quien hablaba por todos, quien determinaba cuáles eran los hechos verdaderos y quien encarnaba la voluntad del pueblo. La verdad no nace de un monólogo impositivo, sino que se construye a través de un diálogo en el que es necesario argumentar con el otro. No es suficiente sentir intensamente que algo es verdadero para aceptarlo como tal, sino que es condición *sine qua non* aducir buenas razones que puedan ser aceptadas por todos los participantes en el diálogo. Afirmar que algo es verdad significa disponer de razones para convencer a otro ser racional. Por ello, la verdad que florece en el diálogo es siempre el resultado de una tarea cooperativa en la que razonamos y decidimos conjuntamente.

Las páginas que siguen son una invitación a dejar de gritarnos y recuperar la práctica del diálogo en la plaza pública. Hago mías las palabras que José Ortega y Gasset pronunció en esa misma plaza un 30 de julio de 1931: «Nada de estultos e inútiles vocingleros, violencias en el lenguaje o en el ademán. Porque es de plena evidencia que hay, sobre todo, tres cosas que no podemos venir a hacer aquí: ni el payaso ni el tenor ni el jabalí». Mi intención al escribir este libro es cultivar la amistad cívica e invitar al lector a reunirnos, junto con otros ciudadanos, para dialogar sobre alguno de los problemas éticos que hoy nos asaltan, escuchar y entender los diversos puntos de vista, examinar juntos los distintos argumentos y dejar que la verdad vaya aflorando en esta plaza pública, el lugar de todos y de nadie.

#FiloReto_1

¿Perdonarías a un asesino con

ALZHÉLMER?

John Locke, Viktor Frankl, Aristóteles, Thomas Reid,
Derek Parfit, Kant

No hace mucho que comenzaste un voluntariado en la residencia de mayores de tu barrio. Entre las personas que visitas, hay un anciano que padece un alzhéimer avanzado: no sabe quién es y apenas recuerda nada de su vida pasada. Sin embargo, hay algo que no ha olvidado: su pasión por el ajedrez. Un rito casi sagrado os convoca todas las mañanas de domingo en torno a un desgastado tablero de madera. A primera hora de la mañana, justo después de desayunar, tu rival coloca ceremoniosamente las figuras, mientras espera, con infantil ilusión, tu llegada. El anciano ajedrecista siempre te ha tratado con una educación exquisita y, en poco tiempo, has llegado a entablar con él una relación de amistad.

Hoy es un domingo muy extraño. Al llegar a la residencia te topas con una multitud de periodistas, cámaras de televisión y curiosos agolpados en la entrada. Te acercas a preguntar qué es lo que ocurre. La respuesta te deja atónito: han descubierto que uno de los residentes es un cruel asesino que la policía buscaba desde hace décadas. La leyenda lo describe como un tipo duro y sin escrúpulos, que disfrutaba humillando a sus víctimas y era capaz de ejercer sobre ellas una terrible violencia tanto física como psicológica. Pero, dado su deteriorado estado de salud, la justicia ha decidido que termine sus días en aquella residencia. No sales de tu asombro cuando conoces su identidad. El brutal asesino es tu querido compañero de ajedrez. Te quedas paralizado en la puerta de su habitación, contemplándolo desde lejos. Él está sentado frente al desgastado tablero, esperando tu llegada para comenzar la partida. Tu cabeza parece que va a explotar, te sudan las manos y el corazón te cabalga en el pecho como un potro desbocado. Eres un mar de dudas: ¿jugarás esa partida? ¿Serás capaz de olvidar lo sucedido? ¿Sigue siendo responsable de lo que hizo, aunque no lo recuerde?

¿Quién es quién?

Si quieres responder a estas preguntas, lo primero que tendrías que aclarar es si el adorable anciano con el que hasta ahora jugabas y el despiadado asesino son o no la misma persona. Te ayudarán las reflexiones de John Locke sobre el problema filosófico de la identidad personal. Desde su experiencia como médico, este filósofo inglés consideró que al nacer no somos más que un pedazo de carne con ojos y que nuestra mente viene al mundo vacía de contenido, sin ninguna idea previa sobre el bien o la verdad, sin ningún concepto y ningún principio lógico. Sin nada de nada, más limpia, blanca y pura que tu cuenta corriente a fin de mes. El entendimiento se estrena con nuestras primeras percepciones y se va llenando con todo aquello que experimentamos. Las observaciones de los objetos externos por medio de los sentidos y nuestras reflexiones internas van proporcionando a nuestro pensamiento el material para pensar. La mente de un bebé es como un papel en blanco sobre el que la experiencia va escribiendo. Al igual que nuestro cuerpo, nuestra mente está en un continuo proceso de transformación.

Esta idea de una mente en continuo cambio llevó a Locke a meditar sobre una antigua paradoja que ha mantenido en vela a muchos filósofos: el barco de Teseo. Mi intención al traerla aquí no es evitar que el lector concilie el sueño, sino someter a análisis nuestras supuestas certezas y reflexionar sobre las relaciones que existen entre los conceptos de identidad y cambio. La paradoja en cuestión se basa en un relato del historiador griego Plutarco y viene a decirnos más o menos lo siguiente:

El barco en el que regresaron Teseo y los jóvenes que rescató del laberinto de Creta fue conservado por los atenienses durante varios siglos. Cada año se conmemoraba la hazaña y el navío volvía a hacerse a la mar para realizar el mismo viaje. Con el paso del tiempo, se fueron retirando las tablas estropeadas y se reemplazaban por unas nuevas y más resistentes, de modo que llegó un día en que la renovación de los materiales fue completa y el barco ya no conservaba ni una sola de las piezas originales. La embarcación —cuenta Plutarco— se había convertido en un ejemplo entre los filósofos sobre la identidad de las cosas que crecen; un grupo defendía que el barco continuaba siendo el mismo, mientras el otro aseguraba que no lo era.

Si en vez de en tablas de barcos piensas en las células de tu cuerpo, seguro que te percatarás de la gravedad del problema. ¿Cuántos años tienes? Realmente no importa, porque sea cual sea tu edad, esta no coincidirá con la de la mayor parte de las estructuras de tu cuerpo. Algunas regiones de tu organismo solo tienen unas horas de existencia. Tus tejidos, tus órganos y tus células poseen edades muy diferentes. Nuestro cuerpo se renueva completamente cada diez o quince años. El cuerpo reemplaza el 98 por ciento de todos sus átomos en menos de un año. Cada cinco días se sustituye el recubrimiento del estómago, la piel cada mes, el hígado cada seis semanas y el esqueleto cada tres meses. Las células se replican a sí mismas siguiendo un código inscrito en el ADN, como las tablas del barco de Teseo se sustituían unas por otras siguiendo el diseño del prototipo (literalmente primer modelo o molde original). No olvides que tu ADN se altera y modifica a cada instante. Así que, ¿en qué sentido eres y no eres el mismo? ¿Somos personas nuevas cada cierto tiempo? ¿Cuál es el sustrato de nuestra identidad? Si lo idéntico es aquello que es igual a sí mismo, ¿en qué sentido somos idénticos a nuestro pasado yo de hace diez años y a nuestro futuro yo de dentro de veinte? En cada respiración inhalas miles de millones de átomos que se transforman en partes de ti y exhalas trozos de tu cuerpo que se desprenden. Así que, cuando hablas de tu cuerpo: ¿de qué cuerpo estás hablando? ¿Qué permanece de nosotros en esta travesía que llamamos «vida»?

John Locke, que tenía más experiencia con calcetines que con trirremes, reformuló esta clásica paradoja y se planteó qué ocurriría si a su calcetín favorito le saliese un tomate por el que asomase el dedo gordo del pie derecho. Dado el aprecio que le tenía a la prenda (cada uno se encariña con lo que quiere y, si eres tan liberal como Locke, la diversidad no debería ni sorprenderte ni escandalizarte), no se desprendería de ella y haría todo lo que estuviese en su mano por conservarla. Compraría un hilo de un color exacto y lo remendaría con precisión alemana para que no se notase el parche. Si saliese otro tomate, pensaba Locke, ejecutaría el mismo protocolo antitomates. Así, si tras x tomates ya no quedase ni uno solo de los hilos originales, ¿el hecho de seguir llamándolo por el mismo nombre nos autorizaría a seguir considerándolo el mismo calcetín?

Calcetines aparte, lo que está claro es que definir la identidad no es tarea fácil. Para solucionar esta paradoja, Locke distinguió los conceptos de hombre y persona. El primer término hace referencia a los elementos materiales que nos componen, al animal humano, a nuestra base biológica, a ese cuerpo serrano que nos acompaña a lo largo de toda nuestra vida y que aumenta o disminuye de peso en función de la cantidad de dónuts o brócolis que le metamos en vena. Ese hombre, pensaba Locke, puede ganar algún kilo, perder pelo o arrugarse como una pasa, pero, en esencia, siempre es el mismo. Hay una continuidad en ese ser vivo que se desarrolla en el transcurso de su existencia. Pero, aunque siempre somos el mismo hombre, no necesariamente tenemos por qué ser el mismo yo, la misma persona. Ahora bien, ¿qué es eso que llamamos «persona»? Locke la definió como un ser pensante inteligente dotado de razón y de reflexión, que puede «considerarse a sí mismo como el mismo» y como «una misma cosa pensante» en diferentes tiempos y lugares. Una lechuga y un capibara no serían personas porque no piensan; y una inteligencia artificial (o IA) (por ahora) no sería persona porque, aunque piense, no tiene autoconciencia. Si comparamos la mente con el ojo, podríamos decir que la autoconciencia es un ojo que no solo ve, sino que además ve que ve, se ve a sí mismo. Pues bien, lo que nos hace ser el mismo yo a lo largo del tiempo es el conocimiento que tenemos de que el tipo que está pensando hoy en calcetines es el mismo tipo que ayer estaba viendo, sintiendo, gustando, meditando o deseando otras cosas. ¿Qué estabas haciendo, sintiendo o pensando a las 21.13 del 26 de junio de hace seis años? Si no tienes forma de recordarlo, lo siento mucho, esa parte de tu persona ha muerto para siempre. Eres lo que recuerdas; recuerdas lo que eres. El hilo de nuestra memoria es el que cose un disperso conglomerado de pensamientos, deseos, pasiones, sentimientos, imágenes y sensaciones para urdir nuestra identidad personal. Locke lo ilustra con el siguiente ejemplo: imagina que, por alguna extraña alteración en el curso del universo, un zapatero y un príncipe intercambian sus recuerdos. El cuerpo con el que se levantan ese día es tan indiferente para su identidad personal como el pijama que llevan puesto. Si analizamos el caso desde la categoría de «hombre», nada habría cambiado. Pero si los observamos desde la categoría de «persona», tendríamos que afirmar que el príncipe sería el zapatero, y el zapatero el príncipe. ¿A quién deberíamos meter entre rejas si el zapatero fuese culpable de un crimen? Locke lo tiene bien clarito: a aquel que tenga los recuerdos de la persona culpable.

El psiquiatra Viktor Frankl constató en los desalmados campos de concentración la diferencia entre el hombre y la persona. La ingeniería nazi fue capaz de crear una eficiente industria de exterminio en la que, a veces, la persona era aniquilada antes que el hombre. En su obra *El hombre en busca de sentido*, Frankl nos habla de quienes eran conocidos en el campo como musulmanes por adoptar una postura semejante a la que toman los creyentes islámicos cuando rezan. También eran llamados «cadáveres ambulantes», «hombres momia», «muertos vivos», «presencias sin rostros». Eran prisioneros que, por decisión propia o falta de fuerza, abandonaban todo intento de sobrevivir. Escribió el doctor Frankl:

En esas condiciones perdían la orientación vital —todo les daba igual—, la esperanza; se apoderaba de ellos la desnutrición y temblaban continuamente de frío, la temperatura corporal bajaba normalmente por debajo de los 36 grados. En otras palabras, la persona se desvanecía y en su lugar surgía un haz de funciones biológicas ya en agonía.

El alzhéimer puede evaporar a la persona con la misma violencia que Mauthausen: a medida que la enfermedad avanza, la memoria se va borrando y, con ello, la autoconciencia. Queda entonces un cuerpo sin rostro, una existencia sin ser. Por esta razón, Locke afirma que, si una persona ha cometido un crimen y, realmente, ha perdido la memoria de haberlo cometido, no se la puede responsabilizar, porque, aunque lo parezca, no es la persona que lo perpetró. La identidad viene delimitada por nuestra memoria. Somos lo que alcanzamos a recordar. Condenar al hombre cuando ya no habita en él la persona es tan absurdo como juzgar y encarcelar al arma homicida en lugar de al sujeto que la empuñó.

Nadie tiene la culpa

Para Locke, la identidad personal y la responsabilidad moral están tan íntimamente ligadas que creía que ni el mismo Dios te puede castigar por un crimen que eres incapaz de recordar. Esta línea de defensa, claro está, solo funciona con un juez divino. Que a nadie se le ocurra defraudar a Hacienda y alegar que no recuerda nada de lo sucedido, porque los jueces humanos, a diferencia del divino, no son omniscientes y, por tanto, no están capacitados para discriminar cuando mentimos sobre nuestros recuerdos. Pero si a Dios, teóricamente, no se le puede mentir, entonces tendremos que concluir con Locke que:

> Si la persona es responsable de sus actos, y la persona es lo que alcanza a recordar de sí misma (esto es, el recuerdo de los hechos vividos a lo largo de su existencia), entonces, no es responsable de aquello que no recuerde haber vivido.

En la adaptación al cine de *Las uvas de la ira* hay una escena que puede ayudarnos a ilustrar las relaciones estrechas que mantienen la responsabilidad y la identidad: un empleado se acerca en coche a la tierra que, hasta ese momento, había estado trabajando, durante generaciones, una familia de campesinos para entregar una orden de desahucio. El padre de familia, rifle en mano, amenaza con pegarle un par de tiros a quien intente echarlo de su tierra. El empleado responde que él no tiene la culpa, que es un mandado y que tan solo ha venido a entregarles la notificación. «¿Pues quién la tiene?», pregunta el hijo mayor. El empleado, que no quiere abrir una polémica sobre un asunto ético de tal calado y que está deseando volver por donde vino, sin bajarse del coche, responde que la propietaria de la tierra es ahora una compañía. El granjero pregunta asombrado que quién es esa empresa y el mensajero responde que «no es nadie, es tan solo una compañía». El hijo, que no tiene un pelo de tonto, frunce el ceño y no queriendo dejarse avasallar, insiste: «Pero la compañía tendrá un presidente, ¿tendrán a alguien que sepa para qué sirve un rifle?». El empleado, con un tono condescendiente, le aclara: «Pero hijo, ellos no tienen la culpa, el banco les dice lo que tienen que hacer». El joven, desesperado, alza la voz y pregunta dónde está el banco. El empleado le replica que la sede de la entidad está en Tulsa, pero qué allí solo se encuentra el apoderado, que tampoco es el culpable porque, como todos los demás, solo recibe ordenes de la central. El padre, que no sale de su asombro, con la mirada desencajada y con una voz que languidece como la derrota, formula la pregunta del millón: «Entonces ¿a quién matamos?». La respuesta que ofrece el mensajero deja boquiabiertos tanto a la familia de campesinos como a los espectadores: «La verdad, no lo sé. Si lo supiera te lo diría».

No hace falta ser filólogo clásico para pillar la referencia de este diálogo al canto IX de la *Odisea* en el que Homero narra el ardid urdido por Ulises para cometer un crimen y salir impune a los ojos de los hombres y de los dioses. Recordemos que el cíclope Polifemo vivía tan tranquilo hasta que, un buen día, la compañía griega «Ítaca y asociados» desembarcó en su tierra, le arrebató sus bienes y lo mutiló de por vida. La treta del rey de Ítaca consistió en esconder a su persona bajo la palabra *nadie* y, con ello, toda culpabilidad. El astuto Ulises era conocedor de la relación que existe entre la identidad personal y la responsabilidad moral, y, por eso, cuando Polifemo le preguntó su nombre, el jefe de los griegos le contestó «*outis*» (del griego οὖτις, en español 'ningún hombre' o 'nadie'). Luego, emborrachó al pobre cíclope, le atravesó el ojo con una lanza y le robó sus medios de producción. Polifemo pidió ayuda y cuando el resto de los cíclopes le preguntaron quién era el culpable, él respondió: «Nadie». Todos creyeron que estaba loco y, como con la mayoría de las injusticias, nadie hizo nada.

Pero dejemos al pobre cíclope y continuemos nuestra particular odisea, cuyo destino es esclarecer las relaciones entre la identidad personal y la responsabilidad moral. Que sepamos, la capacidad moral parece ser exclusiva del ser humano. Esta facultad nos permite desprogramar la conducta instintiva y elegir la acción que realizamos. Es haciendo uso de esta capacidad como forjamos una identidad personal: el modo de ser específico de un individuo.

Con cada decisión que tomamos y con cada acción que ejecutamos vamos modelando nuestro carácter, o como dicen los anglosajones: *character*, es decir, nuestro «personaje».

Sobre esta genuina capacidad humana, Erich Fromm afirmaba que «en el arte de vivir, el hombre es al mismo tiempo artista y objeto de su arte». No sucede lo mismo, que sepamos, en otros animales. La «personalidad» de mi perro y su conducta no han sido modeladas por él. En mi mascota todo es objeto de la naturaleza y del adiestramiento. Por ello sería absurdo juzgar moralmente lo que es y lo que hace. No deberíamos dejarnos embaucar por las películas de Disney: un león, por mucho que se parezca a un villano de Shakespeare, no es ni malo ni bueno. El león, cuando desgarra con sus propios dientes el cuello de la más lenta y estúpida de todas las gacelas, lo hace obedeciendo al instinto tan ciegamente como una *app* obedece a un código de programación.

Aristóteles, al que le apasionaban los animales, señaló que la capacidad racional, peculiar de la especie humana, es la que nos permite deliberar nuestro comportamiento, elegir el acto que nos parece más adecuado y hacernos por tanto responsables de nuestra conducta. Es decir, porque somos seres racionales y libres, estamos obligados a dar razones a los otros seres racionales y libres de nuestra manera de proceder. Ser responsable significa tener la obligación de responder cuando se hace uso del derecho a hacer.

Ahora bien, antes de avanzar, debemos señalar que no tenemos por qué responder de todo lo que hacemos, ya que no todo lo que hacemos sigue el curso de la acción descrito por Aristóteles. Imagina que se te escapa un pedo en público: sería una situación incómoda y embarazosa, pero piensa que por mucha vergüenza que llegues a sen-

tir, nadie podrá responsabilizarte de un movimiento involuntario de tu intestino, porque, para que una acción nos
sea imputable, necesita cumplir estas tres condiciones:

1. *Consciente*: el sujeto debe saber qué es lo que hace.
2. *Voluntaria*: la voluntad debe elegir libremente, sin
   coacciones, qué es lo quiere hacer.
3. *Reflexiva*: para que la voluntad actúe libremente, y
   no «programada», necesita discernir previamente
   tanto el fin que desea como el medio que escogerá
   para alcanzarlo. La acción libre e imputable es una
   acción premeditada. Cuando un acto procede de
   una voluntad irreflexiva, no es libre, sino tan necesario (es decir, aquello que no puede ser de otra
   manera) como la fotosíntesis ejecutada por una lechuga.

Echando la vista atrás, y en memoria de nuestro amigo
Polifemo, ahora podemos entender con más detalle la estructura lógica de la falacia «lo hizo nadie» usada por Ulises en la *Odisea* y por el empleado en *Las uvas de la ira*: si
un nadie, es decir, una «no persona», no puede ser culpable de lo que hace, lo único que necesito para eludir la
responsabilidad de mis acciones es despersonalizarme. Ulises se despersonaliza con la palabra *nadie* y los que desahu-
cian a los campesinos lo hacen por medio de una estructura económica, pero, en esencia, el ardid es el mismo.

Pues bien, si memoria, identidad y responsabilidad
moral se condicionan mutuamente, parece que debemos
concluir que, si el alzhéimer borra definitivamente la memoria, también debe eliminar la identidad y la culpa. La
persona con la que juegas al ajedrez no es la persona que
perpetró aquellos crímenes. Tu compañero de juego no
es culpable de unas acciones que cometió un otro que ya

no es él. Para aclararnos, y por si nos queda algún tipo de escrúpulo moral, podríamos pensar en alguien con personalidad múltiple, más exactamente con trastorno disociativo de la personalidad, como los protagonistas de la maravillosa novela de Robert Louis Stevenson: jugar al ajedrez con el filántropo doctor Henry Jekyll no es hacerlo igualmente con el criminal señor Edward Hyde... ¿O sí?

EL QUE TUVO RETUVO

Para el filósofo escoces Thomas Reid, fundador de la escuela del sentido común, hay algo en el argumento de Locke que no encaja. No te apresures por entrar en esa habitación y no estés tan seguro de que la persona con la que juegas al ajedrez ya no es un criminal. Si aplicamos la ley de la transitividad, uno de los principios básicos de la lógica, el argumento del señor Locke parece hacer aguas. Esta ley determina que si un elemento se relaciona con otro y este último con un tercero, entonces el primero se relaciona también con el tercero. Por ejemplo, si un número es menor que otro y este otro es menor que un tercero, entonces el primero es menor que el tercero. Otro ejemplo: si un objeto es igual que otro y ese segundo objeto es igual a otro más, entonces el primero de ellos es igual que el tercero. Y, ahora, en lugar de números y objetos hablemos de recuerdos. Supongamos que yo hoy no recuerdo nada de lo que hice mi primer día de universidad, pero sí de lo ocurrido el día que me gradué, y que ese día en que lancé mi birrete al aire e ingresé en la lista del paro aún era capaz de acordarme de lo acontecido el primer día de mi vida universitaria. Entonces, aplicando la transitividad, no queda otra más que concluir que yo también soy el estudiante de primer año que robaba libros de ética de la biblioteca, lo recuerde o no lo recuerde. Bien es cierto que no solo soy alguien que saqueaba los fondos bibliográficos de mi *alma mater* (mi historial delictivo es mucho más amplio), pero también soy ese. Por tanto, si tu adorable compañero de ajedrez te está esperando es porque recuerda lo que hizo hace unos días atrás, cuando todavía era capaz de evocar acontecimientos aún más pasados, e intuyo que ya sabes hasta dónde y hasta quién nos lleva esta cadena transitiva.

Examinemos ahora otra refutación de la teoría lockiana de la identidad personal que me gusta llamar el «argumento de Elvis»: imaginemos que esta mañana se presenta ante nosotros un gitanillo de Jerez, de unos quince años, con una mata de pelo negro y rizado, ojos y piel oscuros como la noche, con una camiseta del Cádiz cuando estuvo en primera, que afirma, con un acento andaluz muy cerrado, ser Elvis Presley. El individuo no solo conoce todo lo que los historiadores y periodistas musicales saben sobre la biografía del rey del rock, sino que además está al tanto de información que solo podría haber sabido el mismo Elvis en persona. Pues bien, si seguimos a pies juntillas la teoría de Locke tendríamos que concluir que ese señor es Elvis, algo que parece contradecir nuestra intuición y el sentido común. Imaginemos ahora que, al cabo de un rato, aparece otro candidato a ser Elvis que iguala al primero, ya que ambos tienen exactamente la misma memoria experiencial que el famoso cantante. Si aceptamos los postulados de Locke, tendríamos que reconocer que ese hombre también es Elvis, es decir, que estaríamos afirmando algo absurdo, puesto que dos personas no pueden ser una misma persona.

Por otro lado, también debemos tener en cuenta que el olvido es un estado de la mente tan real y propio como el recuerdo, por lo que parece lógico pensar que quien olvida ha de ser necesariamente la misma persona que quien recuerda. Para profundizar sobre ello, examinemos el siguiente caso:

> Cuando eras pequeño, asustado por la posibilidad de que el curso de la vida te cambiase y te convirtiese en un ser tan gris y aburrido como todos los adultos que conoces, escribiste una carta a tu yo del futuro. Muchos años después, al regresar a casa de tus padres y rebuscar en tu antigua habitación, descubres la carta, pero, aunque no recuerdas en absoluto haberla escrito, reconoces tu propia letra.

Y ahora vienen, como siempre, las preguntas: ¿son el yo escritor de la carta y el yo lector la misma persona? ¿Qué es lo que los conecta? Obviamente no son los recuerdos, entonces ¿qué? Derek Parfit intentó dar solución a estas cuestiones. Para este filosofo británico, el núcleo de la identidad no estaría, como afirmaba Locke, en la memoria, sino en lo que él llama «continuidad psicológica». No hay un único elemento que defina nuestra identidad personal, ya que en ella intervienen diferentes piezas: creencias, recuerdos, deseos, rasgos de personalidad y experiencias. La clave de la identidad está en el hilo que las va hilvanando a lo largo de nuestra existencia. Así, si uno de los elementos se descose y desprende de la red, mientras siga habiendo hilo conectando piezas, la identidad se mantiene.

La idea de un yo fijo e inmutable, de una esencia que se nos da en el mismo instante de nuestra concepción y que va aflorando poco a poco a lo largo de la vida, es una patraña. Creer en ella es tan infantil e irracional como creer en la existencia de unicornios de crines arcoíris. Nuestra identidad personal es una colección de estados psicológicos y rasgos en constante evolución y cambio. No hay, como creía Locke, un aspecto esencial de nuestra identidad personal, sino una red plástica y dúctil parecida a la que forman nuestras neuronas. La red neural puede dañarse, especialmente tras una noche empapada en tequila, o puede alterarse, como ocurre cuando aprendemos algo nuevo, y, sin embargo, sigue siendo la misma. En tu compañero de ajedrez, una parte muy significativa de sus recuerdos se han deshilvanado de la red y perdido para siempre, pero, puesto que existe una continuidad en el tiempo de otros aspectos psicológicos tales como su personalidad o sus gustos, la identidad personal (y por tanto la responsabilidad moral) se conserva. La memoria no parece ser lo que importa, lo que importa es aquello que permanece, y el carácter parece ser algo más determinante para la identidad que la mera memoria. Considerar, como hace Locke, que si alguien no recuerda haber cometido un crimen, entonces no es la misma persona que lo cometió y que no debe ser condenada, es, según Parfit, una idea, además de falsa, «moralmente repugnante».

NACIDO PARA SER AUTÓNOMO

Llegados a este punto, el lector, posiblemente, arda en deseos de conocer cuál es la respuesta correcta a este problema, para que con ella sus dudas e inquietudes se disipen, su conciencia se tranquilice y pueda emplear su energía mental en otros quehaceres. Pues bien, debemos ser francos y no conducir a nadie ni a engaños ni a falsas esperanzas: ¿qué se debe hacer? Sinceramente, no lo sé. Como ya advertimos en las instrucciones, este no es un problema matemático, sino ético, y la ética es la disciplina que nos incita a tener el coraje de ser autónomos. Immanuel Kant diferenciaba a las personas según su madurez moral en dos categorías: los heterónomos (del griego *heteros,* en español 'otro', y *nomos,* 'norma') y los autónomos (del griego *autos,* 'uno mismo'). Los primeros son sujetos inmaduros moralmente, incapaces de pensar por sí mismos lo que deben hacer y que obedecen ciegamente a la voluntad de otro. Tan heterónomo es un niño que hace lo que le dicen sus padres porque es lo que le ordenan, como un adulto que actúa siguiendo acríticamente las tradiciones de su pueblo porque es lo que se viene haciendo toda la vida. El heterónomo es un cobarde al que le acojona pensar por sí mismo y asumir la responsabilidad de sus acciones. Es quien cree que errar es humano, pero que echarle la culpa a otro de tus equivocaciones es más humano todavía y, por eso, siempre se excusará diciendo: «Yo soy buena persona porque acato ciegamente las normas de la autoridad moral de turno». Pero ¿qué dignidad hay en obedecer las normas de alguien que piensa por mí? ¿Cómo va a ser un buen ser humano quien ha renunciado a pensar? Parece tan absurdo como afirmar que un buen médico es quien ha decidido no practicar la medicina o un buen boxeador quien ha tirado la toalla.

El autónomo también obedece, pero, a diferencia del heterónomo, es un ser libre, ya que no sigue las normas morales de otros, sino las que él mismo se da. El autónomo no reconoce más autoridad moral que la de su propia razón. Sírvanos como ejemplo de la dignidad del autónomo frente al heterónomo esta anécdota que nos cuenta Heródoto: un noble persa intentó convencer a dos espartanos de que salvasen sus vidas sometiéndose a la voluntad de Jerjes. El noble no entendió el rechazo de su ofrecimiento. La respuesta de los griegos fue tan lúcida como mordaz: «Tú conoces la esclavitud, pero no conoces la libertad». Y es que una vez que se ha probado el sabor de la libertad, ya no se puede renunciar a ella.

Intuyo que el lector no es de los que tiran la toalla y que tendrá los arrestos morales para explorar por sí mismo la solución a este problema. Escucha lo que otros tienen que decirte, examina sus argumentos y déjate examinar por los demás. Razona y refuta sin cejar en tu afán. Pero, sobre todo, reconoce, respeta y ama la verdad allí donde esta se te manifieste. Por cierto, si después de resolver este #FiloReto, piensas que los problemas morales con la identidad habían acabado, pasa a la siguiente página y descubre que, realmente, no habían hecho más que empezar.

#FiloReto_2

¿En qué categoría debe competir una mujer TRANS?

Judith Butler, Brigitte Baptiste,
Marino Pérez y José Errasti

En el Campeonato Mundial de Atletismo, celebrado en Berlín en agosto de 2009, Caster Semenya ganó el oro en la prueba de 800 metros lisos femeninos con una marca que sorprendió a todos. La deportista sudafricana, con tan solo dieciocho años, se quedó a poco más de un segundo de batir el récord mundial. Sin embargo, esa victoria no sería el comienzo de una meteórica carrera, sino el inicio de una brutal campaña de acoso. Una de las atletas que competía con ella declaró al finalizar la prueba: «Esta gente no debería correr con nosotras. Para mí, ella no es una mujer. Es un hombre». Desde ese momento, Caster Semenya pasó a ser el foco de atención de toda la prensa mundial, no por su velocidad, sino por su apariencia. Las alarmas se encendieron y la World Athletics (Asociación Internacional de Federaciones de Atletismo, en español) ordenó unas pruebas de verificación de sexo. Semenya fue examinada durante dos horas por un ginecólogo, un endocrinólogo, un médico internista, un experto en género y un psicólogo. Los médicos pusieron sus piernas en apoyos y fotografiaron sus genitales. Los resultados indicaron que la atleta sudafricana presentaba una condición intersexual: no tenía útero ni ovarios, sino testículos no descendidos que producían el triple de andrógenos que el nivel típico para las mujeres. A pesar de las pruebas, Semenya insistió una y otra vez en que ella era mujer, así se sentía y así fue criada. «No es justo que me pidan cambiar —afirmaba la deportista—, no es justo que la gente se pregunte quién soy.» La ministra de Deportes sudafricana aseguró que lo que estaba en juego era nada más y nada menos que el derecho de cada uno a practicar su deporte, y que el cuerpo de las mujeres, su bienestar, su capacidad de ganarse la vida, su vida privada y su sentimiento de pertenencia al mundo se estaba poniendo en cuestión. Lo cierto es que a Caster Semenya no le quedó más remedio que competir en los tribunales para ganarse el derecho a competir en la pista de atletismo.

Tras el caso Semenya, la World Athletics llevó a cabo un periodo de consulta con todas las partes interesadas: las federaciones nacionales de atletismo, la World Coaches Academy (Academia Internacional de Entrenadores), el Comité Olímpico Internacional, asociaciones de defensa de los derechos humanos, colectivos de defensa de los derechos de las personas transgénero, etc. Después de escuchar a todos, la World Athletics acordó que las atletas trans no podían competir en categoría femenina en aquellas pruebas que puntúen para el *ranking* mundial. Pero al mismo tiempo, el propio presidente del organismo reconocía que la puerta no estaba cerrada para siempre y que seguirían reflexionando e investigando para aplicar la solución más justa. De hecho, se reconocía que, encima de la mesa, había quedado para su estudio la propuesta de crear una tercera categoría. Así que el problema no está resuelto en absoluto y son muchas las preguntas que nos quedan por resolver: ¿puede alguien nacer en un cuerpo equivocado? ¿Qué es una mujer? ¿Son mujeres las mujeres trans? ¿Es el sexo una categoría binaria, como la de par o impar, o tiene gradaciones como el color? Estas cuestiones afectan a nuestra vida diaria. Mucha gente corriente, aunque no sean deportistas profesionales, toma decisiones cotidianas basadas en las ideas de género y sexo, que encienden acalorados debates. Decidir qué baño utilizar o cómo cumplimentar un documento legal puede ser el inicio de una apasionante disputa filosófica.

Los filósofos ya habían comenzado a discutir qué es una mujer décadas antes de que los atletas se pusieran a ello. El melón lo abrió Judith Butler con su polémico libro, por no llamarlo directamente bomba de relojería, *El género en disputa*. La obra de esta filósofa estadounidense supuso un cambio radical en nuestra manera de entender el sexo, el género y la identidad. La revolución perpetrada por Butler en el sexo fue similar a la llevada a cabo por Kant en el conocimiento. El autor de la *Crítica de la razón pura* afirmó que solo podremos llegar a entender cómo se construye el conocimiento si, en filosofía, somos capaces de realizar un cambio de paradigma análogo al que lideró Copérnico en astronomía. Pues bien, la autora de *El género en disputa* está convencida de que debemos hacer tres cuartos de lo mismo si queremos llegar a entender el género con la misma lucidez con la que Kant nos explicó el conocimiento.

Los Estados Unidos de Butler eran muy similares a la Italia de Copérnico: un torbellino intelectual en el que las viejas ideas se cuestionaban y las nuevas, como cantaba Bob Dylan, flotaban en el viento. Esos aires de cambio llenaron las velas de la mente del astrónomo polaco, impulsándolo hasta arribar a una nueva cosmovisión. Copérnico, libre de los prejuicios heredados de la tradición, cuando se percató de que sus observaciones del movimiento de los planetas no encajaban en los mapas, tuvo la disruptiva idea de pensar que el error no estaba en los cielos, sino en nuestros mapas, y que, por tanto, lo que había que corregir era lo segundo y no lo primero. Cuando la realidad desborda nuestros conceptos, lo más sensato y, a la vez, lo más revolucionario, es reformular nuestros conceptos en lugar de forzar a la realidad a encajar en ellos.

Pues bien, si Copérnico tomó como punto de partida para su revolución la idea de un universo heliocéntrico recogida en la obra del matemático griego Aristarco de Samos, Butler tomó para la suya una frase de *El segundo sexo*, la obra más celebre de la filósofa francesa Simone de Beauvoir: «No se nace mujer, se llega a serlo». La frase nos perturba porque el sentido común nos dice que, dependiendo de la genitalidad, se nace con un determinado sexo biológico que, en los mamíferos, tiene dos variantes: macho y hembra. En la especie humana, las hembras tienen vulva y los machos tienen pene (como afirma cierto autobús que circula por ahí). Por tanto, para el sentido común, ser mujer es tener vulva. Y, sin embargo, Simone de Beauvoir, como buena filósofa, cuestionó el sentido común y afirmó con rotundidad que esta idea es un error, porque «mujer» no es una categoría biológica, sino social, tan social como la de «monja» o «hincha del Betis». Es evidente que no se nace monja, se llega a serlo. Ingresar en un monasterio y consagrar la vida a Dios no es algo que parezca estar inscrito en el ADN de nadie, y, como toda categoría social, es histórica: tiene su origen y cada tiempo y lugar la ha dotado de un significado específico.

Si analizamos la categoría de mujer en nuestra sociedad, descubriremos que el sexo biológico determina una relación jerárquica de la hembra con respecto al varón. Pero, aunque exista un enorme esfuerzo por ocultarlo, esta diferencia de poder no es natural, sino un artificio cultural, pura arbitrariedad, opinión colectiva, tradición, costumbre, convención. El género es un constructo social que se edifica sobre una base biológica, y es la ideología dominante la que nos hace creer que los roles de género son tan naturales como los penes y las vulvas. Recordemos que, hasta hace no mucho, se creía que la raza, otra categoría biológica como el sexo, determinaba naturalmente la esclavitud, una relación política. Incluso el mismo Aristóteles consideraba que había seres humanos que eran esclavos por naturaleza. Tiempo y lucha costó hacer ver al sentido común que no se nace esclavo, sino que se llega a serlo.

En la lotería genética, es la naturaleza la que nos asigna un sexo u otro, pero luego es la cultura la que construye unos roles sociales e impone una suerte de diferencias. Que a los niños se les vista de azul y a las niñas de rosa es tan natural como que los turismos circulen en autopistas a una velocidad máxima de 120 kilómetros por hora y los autobuses a 100. Ni siquiera ser madre es, en el ser humano, una cuestión natural, sino cultural: cierto es que el sexo coloca a la hembra humana en una posición de gestante, pero, como afirma Beauvoir, el sexo no es el destino, las hembras humanas no han nacido para ser madres y, sin embargo, la maternidad sigue siendo el rol principal que la sociedad impone a la mujer.

Nada mejor que viajar para identificar nuestros prejuicios: los baka son un antiguo pueblo de África central que desafía los roles de género occidentales. Los padres bakas se pasan aproximadamente la mitad del día con sus bebés. Incluso les ofrecen el pezón para que lo chupen si el niño está llorando. El supuesto instinto maternal que poseen las hembras humanas, y del que carecen los machos, es más artificial que la cara de Renée Zellweger.

Adviértase que Simone de Beauvoir no escribió la majadería «no se nace hembra», sino «no se nace mujer».

Lo que estaba cuestionando la filósofa no era la naturalidad del sexo biológico, sino la arbitrariedad del género cultural. Lo que criticaba Simone de Beauvoir es que una diferencia biológica estableciese una jerarquía social y que esta fuera naturalizada impidiendo con ello cualquier cuestionamiento. La mujer, a diferencia del triángulo, no tiene unas características esenciales. La mujer es un ser en situación, es decir, que es siempre el contexto social quien le asigna un determinado significado. Aunque parezca obvio, no es lo mismo nacer hembra humana en el Afganistán de los talibanes que en la Suecia del amor libre. Cierto es que el género que se nos asigna no nos determina, pero nos marca, como en el ajedrez; el género de una pieza condiciona sus movimientos y establece unas relaciones con el resto. A la hembra humana nuestra sociedad le asigna, entre otros estereotipos, el instinto maternal, la emotividad, ser dotado de una especial capacidad para el cuidado de los demás y para el sacrificio, la pasividad y la dependencia; a su vez, al varón humano le asigna la fuerza, la capacidad de gobernar y producir y la racionalidad. La propuesta feminista de Simone de Beauvoir es mostrar la artificialidad de estos estereotipos de género y quebrar las relaciones de jerarquía entre sexos.

Butler tomó la idea de Beauvoir de que el género no tiene esencia y le dio una vuelta de tuerca de enormes consecuencias. Un párrafo atrás, habíamos escrito que Beauvoir cuestionó la naturalidad del género, no la del sexo biológico. Pues agárrate a tu sillón, que vienen curvas, porque, precisamente, lo que hace Butler es cuestionar nuestra idea de que el sexo es natural y binario. No solo, como indicó Beauvoir, las categorías mujer-hombre son un constructo social, también, afirma Butler, las de varón-hembra.

Lo primero que debes tener en cuenta, dice Butler, es que todo cuerpo humano nace dentro de una cultura que lo dota de significaciones. Observa cómo no es lo mismo tener grandes pechos, pies pequeños, anchas caderas, piel negra o barriga prominente en una cultura que en otras. Afirmaba Karl Marx que «un negro es un negro. Solo en determinadas condiciones se convierte en esclavo», y solo hay que pasear una hora por el Museo del Prado para comprobar como cada sociedad y cada tiempo asigna el significado *bello* a cuerpos muy diversos. Haz la prueba, observa *Las tres Gracias* y pregúntate por el futuro profesional que tendrían las modelos de Rubens en la actualidad. Todo cuerpo, lo queramos ver o no, está interpretado culturalmente.

Imaginemos la siguiente escena: una embarazada se encuentra en una revisión rutinaria y, tras la ecografía, el ginecólogo le pregunta si desea conocer el sexo del bebé. La madre accede y el médico afirma: «Es una niña». A primera vista, lo que el sentido común nos dice es que el ginecólogo, desde su posición objetiva de científico, no ha hecho otra cosa más que describir una realidad. Pero, a juicio de Butler, el asunto es más complejo, ya que lo que el médico ha hecho realmente con esa declaración no es constatar un hecho, sino crearlo. Algo parecido ocurre en el mundo del teatro. Imaginemos a un grupo de teatro que ha decidido interpretar *Hamlet*. El primer día de ensayo el director los reúne a todos en el escenario para entregarles el guion y asignar los personajes. Cuando el director se acerca a una de las actrices y les dice «eres Ofelia», no está describiendo un estado de cosas del mundo, sino creándolo. A esta capacidad del lenguaje de construir una realidad Butler la llamó «performatividad». La idea la tomó prestada de la obra del lingüista J. L. Austin *Cómo hacer cosas con palabras*. Recordemos que una *performance* es una disciplina artística en la que el propio cuerpo del artista se convierte en el soporte sobre el que se realiza una acción poética cargada de simbolismo. Butler cree que el género es performativo: nadie nace con un género ya dado por naturaleza, como ningún actor nace siendo Hamlet u Ofelia. El género es asignado cuando, en referencia a ese ser humano, se pronuncia por primera vez la palabra *hombre* o *mujer*. Desde ese instante, esa persona (curioso dato que la etimología de la palabra *persona* haga referencia a las máscaras que los actores usaban para interpretar diversos personajes en el teatro griego antiguo) construye el género que se le ha asignado mediante una continua puesta en escena: habla, viste, se mueve, siente, se expresa, piensa en función del género que se le ha dado. Como si fuésemos actores, actuamos para dar a los demás la impresión de ser mujer u hombre.

El problema es que nuestra cultura ha creado un género binario en el que muchos no encajan. Solo existen dos roles, hombre o mujer, y en ellos debemos acoplar, a la fuerza, toda la diversidad. Sería como si intentásemos representar la enorme pluralidad de obras de teatro con los dos únicos personajes de Hamlet y Ofelia. Si en un taller mecánico dispusiésemos solamente de las categorías de tornillo y tuerca, al toparnos con una puntilla, lo más probable es que le asignásemos la identidad de un tornillo. Judith Butler afirma que, como toda lengua, la de la biología es histórica: muta y evoluciona a lo largo del tiempo, desecha y crea nuevos conceptos con los que clasificar la pluralidad de la vida. Por ejemplo, la raza es un concepto creado por la biología hoy desechado por la ciencia para clasificar a los seres humanos, establecer jerarquías y justificar discriminaciones. Hoy sabemos que la diversidad racial no tiene límites definidos, sino una relación borrosa e imprecisa; es por ello que aunque la palabra *raza* sigue presente en el lenguaje popular, los especialistas la consideran inapropiada para referirse al *Homo sapiens* y hacen uso de los términos *población* o *etnia* para nombrar a los diversos grupos humanos.

Pues bien, la misma biología que corrigió su error racial ha creado recientemente la teoría de los cinco sexos para subsanar la que bien podría ser otra monumental cagada. Según esta teoría, además de los dos sexos que ya conocemos, hombre y mujer, estarían también los tres intersexuados: hermafrodita masculino, medio y hermafrodita femenino. En consonancia con esta teoría, Butler afirma que el sexo no es una categoría natural, sino lingüística. El hecho de que, en otros tiempos, no dispusiésemos de palabras para nombrar una realidad no justifica que hoy, que ya tenemos esos términos, nos neguemos a reconocer su existencia. Si la ciencia se ha hecho más sutil en el modo de clasificar, ya va siendo hora de que también lo haga el conjunto de la sociedad. Decir «mujer» supone asumir una lógica binaria que representa de forma insuficiente la diversidad existente. La categoría mujer, en la que corre Caster Semenya, empieza a ser una limitación, y convendría ir hablando de otra manera. Lo ético, por justo y por verdadero, sería combatir lingüísticamente una heteronormatividad que promueve dos únicos tipos y sanciona al resto. La heteronormatividad es una norma no escrita, pero que está en el aire cultural que respiramos, y que actúa con violencia sobre todos nosotros. Quienes más notan su presencia son, justamente, quienes más se apartan de los modelos hegemónicos de hombre-mujer. Por eso, es lógico que quienes se identifican con el rol que la sociedad les ha asignado cuestionen su existencia y crean que a Judith Butler se le ha ido la olla. Si tienes genitalidad masculina y te incluyes en un género masculino no sufrirás ninguna sanción social, pero si intentas incluirte en un género femenino, se te tratará como una persona desviada, enferma o, como en el caso de Semenya, una falsa mujer. ¿Por qué el Estado tiene que validar nuestro género dentro de una matriz binaria? El documento nacional de identidad es un cruel lecho de Procusto. Recordemos el mito: Procusto tenía una posada donde ofrecía descanso al viajero solitario. Poseía dos camas, una muy larga y otra demasiado corta. Mientras el viajero dormía, lo amordazaba y ataba a las cuatro esquinas del lecho. Si el cuerpo de la víctima era más largo que la cama, le aserraba las partes que sobresalían. Si, por el contrario, era de menor longitud que la cama, lo descoyuntaba a martillazos hasta estirarlo. Quizá Procusto podía excusarse diciendo que en aquella época y en aquellas montañas no disponía de más camas, pero hoy, con la oferta personalizada que nos proporciona Ikea, ejercer tal violencia está absolutamente injustificado.

El lenguaje que hablamos no es inocente: con él creamos una realidad binaria que ejerce violencia sobre personas, aunque no seamos conscientes de ello. «Compórtate como un hombre», «no seas una niña» o «marimacho» son expresiones que han obligado a mucha gente a estar en lugares donde no quieren estar. Butler nos propone desandar el camino y cuestionar la arbitrariedad de un género que asigna el masculino al león y el femenino a la serpiente. ¿Por qué *el* león y no *la* león? ¿Por qué *la* serpiente y no *el* serpiente? ¿Por qué no crear con el mismo lenguaje nuevas categorías lingüísticas como creamos nuevos modelos de cama? ¿Por qué no decir «niñe», además de niño o niña?

«Ser más raro que un perro verde» es una expresión española usada para indicar que, o bien alguien se comporta de modo inhabitual, o bien es extraordinario, poco común, infrecuente, escaso en su clase o especie, extravagante y propenso a singularizarse. Adviértase que ya la misma palabra *raro* es rara en nuestro idioma: son pocos los términos con dos sílabas que contienen la consonante *erre* dos veces. Si tuviésemos que traducir esta expresión tan castiza al inglés, lo más cercano es el término *queer*.

Judith Butler usó la palabra *queer* para crear una nueva identidad en la que pudieran integrarse todas aquellas individualidades que no encajan en las categorías tradicionales de género y sexo. Este concepto creado por Butler aspira a cuestionar la visión clásica de la naturaleza humana para representar todas aquellas diversidades que, hasta ahora, han sido negadas. Para Butler no existe una esencia fija del ser humano definida biológicamente. Muy al contrario, todos y cada uno de nosotros somos seres en continua construcción. Lo *queer* es un nuevo universo en el que incluir a quienes han sido excluidos por no ser normales. Si nuestra idea de la condición humana genera sufrimiento y exclusión a una parte de la humanidad, es de justicia que la reformulemos.

En nuestra cultura, no todos los cuerpos reciben la misma valoración: unos son inteligibles (comprendidos con nitidez y aceptados sin dificultad) y otros parecen no tener sentido, no encajar en nuestros esquemas. Seguro que recuerdas a alguien proferir ante una persona nacida sin pene que se siente hombre un «pues yo es que no lo entiendo», o soltar una broma (que para el caso es lo mismo). En *Tarde de perros*, una película que dirigió Sidney

Lumet en 1975, cuando Leon confiesa que intentó suicidarse para poner fin al sufrimiento de sentirse una mujer encerrada en el cuerpo de un hombre, uno de los policías que lo escucha se ríe en su cara. El cuerpo de Leon es ininteligible para el agente y su risa lo censura como *queer*. En inglés, la palabra *queer* se opone a *straight* ('correcto', 'serio', 'derecho', 'convencional', 'conforme a la ley', pero también, curiosamente, 'heterosexual'). En lo *queer*, por tanto, se incluyen todos los cuerpos que nuestra cultural ha estigmatizado como anómalos, desviados o enfermos: lesbianas, gais, transexuales, transgéneros, bisexuales y un largo e inagotable etcétera tan diverso como la propia condición humana.

El término *queer* era originariamente despectivo y se usaba para marcar los límites de la legitimidad sexual. Conforme uno se alejaba de lo normal, entraba en los oscuros y peligrosos suburbios de lo *queer*. El concepto tenía por entonces una función normalizadora. La normalización es un proceso de construcción social por el cual ciertas conductas llegan entenderse como «lo natural» y se dan tan por sentadas que, si alguien las cuestiona, es tratado de loco. Tras ser instalada la norma social en la mente de los sujetos, son los propios individuos quienes sancionan, censuran y desvalorizan a todo cuerpo que se desvía de la conducta normalizada. Así, una vez institucionalizada la heterosexualidad y el binarismo, la sociedad necesitó crear el término *queer* para nombrar los cuerpos que violaban la norma y, a la vez, la confirmaban. En otras palabras, necesitamos señalar, nombrar y hablar del extraño para sentirnos normales.

Lo *queer* comenzó siendo un campo de refugiados al que eran expulsados los cuerpos que transgredían la norma. Si uno nacía mal, fuera del patrón binario y heterosexual, o se convertía como Dios manda, o se le enviaba a los gélidos campos de lo *queer*. Todavía persisten las llamadas «terapias» (del griego θεραπεία, «therapeia», que en español significa 'curación') de conversión que comparten la creencia de que la identidad de género y la orientación sexual de una persona pueden y deben corregirse a cisgénero y heterosexual. La mayoría de las personas a quienes se les asigna el sexo «femenino» al nacer se sienten mujeres. Así como la mayoría de las personas a quienes se les asigna el sexo «masculino» se sienten hombres. Pero algunas personas tienen una identidad de género que no condice con el sexo que la sociedad le asignó. Por ejemplo, nacieron con vulva, vagina y útero, pero se sienten e identifican como hombres. Estas personas son las llamadas «transgénero», mientras que las otras, la mayoría, son cisgénero. El fenómeno trans ha sido señalado como una enfermedad que debe ser curada o como un error de la naturaleza que ha de ser corregido.

La propuesta de Butler es la de resignificar lo *queer* y otorgarle reconocimiento social. De lo que se trataría es de transformar un estigma social en un lugar de resistencia y lucha política. Así, en los años noventa, las personas encasilladas en lo *queer* se apropiaron del término y lo usaron para nombrar la alianza de lo diverso que, por primera vez, se levantaba y ejercía una oposición a la actividad normalizadora. La historia de lo *queer* es muy similar a la del sufragismo. El término sufragista nació como un insulto que se empleaba de igual manera que hoy se usa feminazi. Los medios de comunicación idearon campañas para ridiculizar a las mujeres que luchaban por el derecho femenino al voto y acuñaron para ello la voz despectiva *suffragette*. El sufijo *-ette* añadía a la palabra *sufragista* los significados de «diminutivo», «connotación condescendiente y trivial», «imitación imperfecta e inauténtica». Para la prensa reaccionaria, las *suffragettes* eran la copia imperfecta de las verdaderas mujeres: las que no descuidan sus hogares y no se involucran en actividades militantes y violentas. A pesar de la carga negativa del concepto, las sufragistas se apropiaron de la palabra *suffragette*, y la resignificaron. Así, lo que era una marca de estigmatización se convirtió en una insignia identitaria desde la que luchar contra la discriminación.

Butler nos anima a hacer algo muy parecido a lo que hicieron las sufragistas: usar las armas del enemigo. Si el término *queer* contiene un poder normalizador, dotémoslo de un nuevo significado para normalizar la inclusión en lugar de la exclusión. La *queer* es una identidad siempre abierta a nuevos significados. A lo *queer* pertenecen todes aquelles que se afilian a la alianza forjada por los excluides para luchar por la justicia. La *queer* es la identidad para los que no tienen identidad. No surge de la esencia natural de un yo, sino de la actividad de un nosotros; no nace de la intimidad, sino del «entre», de una relación que nos une al mismo tiempo que respeta nuestras diferencias. La revolución *queer* tuvo lugar cuando los raros se negaron a marcharse a las periferias y convirtieron las plazas públicas en lugares donde celebrar la diversidad, convivir y actuar.

La bióloga Brigitte Baptiste se unió a esta alianza e hizo uso de la ciencia para refutar el argumento de quienes niegan la existencia de las personas trans y que afirman que la teoría *queer* es pura ideología sin fundamento biológico. La doctora Baptiste utiliza la noción de *biodiversidad* para rebatir estas posiciones reaccionarias. La naturaleza produce diferencias constantemente favoreciendo la aparición de lo insólito, lo anómalo, lo singular. La naturaleza está permanentemente experimentando nuevas formas de vida, mezclando genes y produciendo nuevos modelos. Sin esa habilidad, la vida se habría extinguido. Si observamos la naturaleza sin nuestras reducidas y fijas categorías occidentales, contemplaremos el maravilloso espectáculo de los heterogéneo: seres únicos y manifestaciones extraordinarias. La diversidad nos pasa desapercibida porque hace mucho que nuestra civilización perdió el vínculo con una naturaleza fluida, cambiante y en permanente interrelación. Nada es más *queer* que la naturaleza.

NADIE NACE EN UN CUERPO EQUIVOCADO

En abril de 2022, los profesores de psicología Marino Pérez y José Errasti fueron invitados por la Universidad de las Islas Baleares (UIB) para discutir en un debate académico las ideas presentadas en su polémico libro *Nadie nace en un cuerpo equivocado: éxito y miseria de la identidad de género*. En su obra, los profesores Pérez y Errasti cuestionaban algunas de las ideas fundamentales de la teoría *queer*. El debate nunca se celebró. Un grupo de manifestantes calificó el acto de transfóbico y exigió su cancelación por atentar contra la libertad de género y promover los discursos de odio. Algunos de los que protestaban agredieron a un par de alumnos que intentaban asistir al debate. La dirección de la UIB ordenó la suspensión del acto por la imposibilidad de garantizar las condiciones de seguridad. Al conocer la noticia, los profesores Pérez y Errasti decidieron reunirse en una de las aulas de la facultad para debatir con los miembros del Departamento de Psicología de la UIB. Se corrió la voz de que la charla estaba teniendo lugar y los activistas recorrieron el edificio para buscarlos. La policía tuvo que intervenir, haciendo un pasillo de seguridad y sacando a los profesores por un lateral. Marino Pérez sentenció al abandonar la universidad: «La cancelación ha sido un atentado contra la libertad de expresión y la libertad de cátedra. Este tipo de situaciones recuerdan a la Inquisición». La profesora que había organizado el debate intentó dialogar con los manifestantes y les preguntó en qué se basaban para considerar el libro como tránsfobo. Los activistas le respondieron que no lo habían leído y que no lo pensaban leer porque les resultaba ofensivo.

Antes de meternos en harina y conocer los argumentos de los profesores Pérez y Errasti, sería bueno tener presente que quien pretende cancelar en la universidad discursos que le ofenden, quien no está dispuesto a oír una opinión divergente a la suya, probablemente no esté preparado para estar en la universidad. La Academia es el lugar de la dialéctica, de la confrontación de ideas y del examen de las diferentes teorías y argumentos. Habría que recordar, por ejemplo, que los profesores de Oxford que invitaron a Giordano Bruno a visitar la universidad no estaban de acuerdo con sus extravagantes teorías cosmológicas, pero justamente por eso quisieron escuchar sus argumentos y debatir con él. Ni a los profesores de Oxford ni a Bruno le importaban los sentimientos agraviados, sino la verdad de las ideas. La cancelación nunca ha formado parte de la tradición universitaria; pertenece a otra institución: el Santo Oficio. Si la universidad comienza a cancelar, terminará cancelándose a sí misma. No debiéramos convertir la intensidad de nuestros sentimientos en criterio moral. Algo no es malo simplemente porque me ofende o bueno porque me conmueve. Sustituir el esforzado juicio moral por la mera exclamación nos devuelve a la barbarie o al narcisismo infantil. Reemplazar el diálogo racional por la retórica del sentimiento facilita la manipulación, impide el diálogo (germen de la democracia) y polariza la comunidad de ciudadanos en bandos irreconciliables. La libertad debe terminar donde empieza la del otro, no donde comienza su sensibilidad.

Aunque se hace raro explicar lo obvio, afirman Pérez y Errasti, cuando un bebé nace, los médicos solo constatan su sexo a partir de la observación de sus órganos genitales, no se lo asignan, como si fuera una cualidad que no tenía hasta entonces. Al bebé se le podrá asignar un nombre, una religión o un número de pasaporte, pero no el sexo. El sexo nada tiene que ver con la identidad, sino con la función reproductiva que la persona desempeñará (si quiere) en el futuro. La idea de que nadie nace hombre o mujer, que estas categorías son construcciones culturales y que solo el individuo puede sentir y determinar su verdadera esencia, es tan absurda como creer que nadie nace con un código genético y que solo el individuo puede sentir y determinar su edad, su altura o su peso.

Los seres humanos, para suerte de los fabricantes de camas, no nos reproducimos por esporas o injertos. Como mamíferos que somos, para crear un nuevo organismo necesitamos no uno, sino dos progenitores que aporten material genético. Nuestra reproducción funciona introduciendo un pequeño gameto masculino en el cuerpo de la mujer que viaja hasta fecundar a un gran gameto femenino. El sexo del embrión dependerá de algo tan objetivo y medible como que contenga o no el cromosoma Y. No existe una sola cultura que no distinga al nacer el sexo del recién nacido y, con ello, diferencie la función biológica que le corresponderá ejercer si quiere tener descendientes. El sexo es una magnitud biológica que no admite gradaciones: no hay mujeres más mujeres que otras, ni hombres más hombres que otros. Hay hombres que fecundan y mujeres que engendran y no existen, que se sepa, situaciones intermedias entre gestar y engendrar. Negar la biología nos conduce a ideas y propuestas políticas tan absurdas como las defendidas por el Frente Popular de Judea en este icónico, y censurado, diálogo de *La vida de Brian*, la comedia de Terry Jones de 1980:

FRANCIS: Es el derecho inalienable de todo hombre...

STAN: O mujer...

FRANCIS: Ser liberado...

STAN: O liberada...

FRANCIS: O liberada. Gracias, hermano.

STAN: O hermana.

FRANCIS: ¿Por dónde iba?

REG: Ya habías terminado. Además, también es derecho inalienable de todo hombre...

STAN: O mujer...

REG: ¿Se puede saber qué fijación tienes con las mujeres, Stan? Nos estás distrayendo.

STAN: Quiero ser una mujer.

FRANCIS: ¿Qué?

STAN: Quiero ser una mujer. Desde ahora quiero que me llaméis Loretta.

REG: ¿Qué?

STAN: Es mi derecho como hombre.

JUDITH: ¿Por qué quieres ser Loretta, Stan?

STAN: Porque quiero tener hijos.

REG: ¿Quieres tener hijos?

STAN: Los hombres también tienen derecho a tener hijos, si quieren.

REG: Pero... tú no puedes parir.

STAN: ¡No me oprimas!

REG: No es que te oprima, Stan. Es que no tienes matriz. ¿Dónde vas a gestar el feto, lo vas a meter en un baúl?

JUDITH: Chicos, tengo una idea. Estamos de acuerdo en que no puede parir porque no tiene matriz, lo que no es culpa de nadie, ni siquiera de los romanos, pero sí puede tener derecho a parir.

FRANCIS: Buena idea, Judith. Lucharemos contra el opresor por tu derecho a parir hijos, hermano... Digo: hermana.

REG: ¿Y eso de qué sirve?

FRANCIS: ¿El qué?

REG: ¿De qué sirve su derecho a parir si no puede parir?

FRANCIS: Es un símbolo de nuestra lucha contra la opresión.

REG: Es un símbolo de su lucha contra la realidad.

El monumental jardín en el que se meten, con toda la buena intención del mundo, tanto el Frente Popular de Judea como la teoría *queer*, proviene de confundir el sexo y el género. El sexo, como hemos visto, es una categoría biológica que se refiere a nuestra función en la reproducción, mientras que el género es una categoría social que hace referencia a los estereotipos, roles y valores que las diferentes culturas asignan a cada sexo. La condición *sine qua non* para que una filósofa estadounidense pueda afirmar que el sexo es un constructo social y que existen personas sexualmente no binarias es una larga y natural cadena de seiscientos millones de años de reproducción sexual binaria que llegan hasta el papá y la mamá de Judith Butler. Aunque la profesora Butler se empeñe en afirmar que los bebés nacen sin sexo, mientras la reproducción del ser humano sea binaria, el sexo será binario. No existen las personas intersexuales por una simple razón: no existen situaciones intermedias entre gestar y fecundar. Nuestro sistema reproductivo presenta tantas variaciones como el digestivo o el circulatorio. No hay variaciones de mujeres porque no hay variantes de gestantes. Que se sepa, aún no ha nacido un ser humano ovíparo, aunque es probable que haya nacido alguno que así se sienta y se identifique y que reclame su derecho a ser reconocido como ovíparo. En septiembre de 2023, unas trescientas personas se congregaron en Berlín para reclamar su derecho a ser reconocidas como perros. Las personas transespecie no se sienten ni identifican como seres humanos, sino como animales. El caso más famoso fue el de Toco, un *youtuber* japonés que inició su transición hacia cachorro de *border collie*. La transición fue posible gracias a la empresa de efectos especiales Zeppet, quienes crearon un traje hiperrealista que hace muy difícil la distinción respecto a un perro natural.

Los profesores Pérez y Errasti defienden que debemos primar lo científicamente correcto por encima de lo políticamente correcto y, en este sentido, denuncian que la teoría *queer* es una nueva forma de terraplanismo que, como un fantasma, recorre cada minúsculo rincón de la sociedad, desde las aulas hasta los platós de televisión, y que nadie se atreve a refutar por temor a ser tachado de tránsfobo y condenado al ostracismo. Así, la teoría *queer*, a diferencia de cualquier otra teoría filosófica, se impone como una verdad indiscutible bajo un supuesto derecho *woke* a no ser ofendido. Pero lo realmente peligroso es que de luchar contra estereotipos sexistas que afirmaban que el fútbol era cosa de hombres y llorar de mujeres, hemos pasado a reafirmarlos y a usarlos como la medida que marca nuestra identidad. Pérez y Errasti se preguntan: ¿cuánto se reduciría el número de personas trans si dejásemos de contar como tales a aquellas personas a las que se les ha dicho, directa o indirectamente, que sus pensamientos, sus preferencias estéticas, sus comportamientos, sus emociones, sus gustos en cualquier ámbito son propios del otro sexo? Una niña jugando al fútbol no es un niño que ha nacido en un cuerpo equivocado, es tan solo una niña jugando al fútbol. El movimiento supuestamente más progresista y transgresor es, en verdad, reaccionario al feminismo, ya que promueve los estereotipos de género más rancios y casposos. Además, es incompatible con la educación no sexista. Coeducar supone educar a los niños y a las niñas al margen de su género, es evitar que se le vuelva a prohibir a una niña estudiar matemáticas porque eso es cosa de hombres. Coeducar es educar para construir una sociedad en la que las diferencias no diferencien. La ideología *queer* es un ataque a la línea de flotación de nuestra coeducación. José Errasti y Marino Pérez avisan sobre el hecho de que nunca se había permitido la entrada en los centros educativos tan acríticamente de una postura reaccionaria, irracionalista y sexista como esta, y que es necesario trabajar para desenmascarar y denunciar públicamente las falsedades anticientíficas de la ideología de la identidad de género en las escuelas y universidades de nuestro país.

El sexo no es algo que se *es*, sino algo con lo que se *nace*. El día previo al cambio de sexo en el registro civil, el solicitante posee óvulos o espermatozoides y, al día siguiente, los sigue teniendo. Pérez y Errasti argumentan que también existen personas cuya experiencia interna de edad no se corresponde con la que tienen asignada en el documento nacional de identidad. Cuántos hay que rebasan los cincuenta años, pero se sienten chavales. ¿Cabría, por tanto, defender también el derecho a la libre autodeterminación de la edad? No existen personas transedad porque, de momento, la edad, a diferencia del sexo, es una categoría biológica que ningún filósofo ha puesto en disputa.

La clave para entender el éxito de la teoría *queer* es identificar el contexto ideológico en el que surgió: el neoliberalismo y el culto al individuo. Vivimos en una sociedad que nos impone el imperativo de singularizarnos y romper todas las ataduras. Hasta comprar un simple café es una oportunidad para diferenciarte de los demás y mostrar quién eres verdaderamente. El neoliberalismo ha extendido el mito narcisista de la existencia de un yo auténtico e íntimo que debe aflorar para bien del universo. Lo comunitario se desprecia como una barrera que impide crecer al yo. Todo lo que toca el neoliberalismo se convierte en un producto de consumo individualizador: hasta un tatuaje, que antes marcaba la pertenencia a un grupo, se transforma en un recurso estético para que mi brazo o mi pierna no sea igual a la del tipo que está sentado a mi lado en el bus. Todos los eslóganes del capitalismo de última generación son una exaltación de un ego que se cree único e irrepetible y olvida su pertenencia a un colectivo: «Encuentra tu voz interior», «Saca tu yo más auténtico», «Deja tu huella». Edward Bernays, sobrino de Freud y padre del *marketing*, fue el primero en descubrir que se vende más y más rápido si se excita en el consumidor el culto a su propio ego. Sirva como muestra la letra de un *spot* televisivo de ropa emitido en 2017:

> A casa paso, yo; con cada estilo, yo; yo me defino a mí, mi yo habla de mí; y me visto así, así o así; que importa, si al final todo empieza y acaba en mí; hay muchos yos y todos caben aquí; yo no soy siempre el mismo yo, la misma yo; yo no soy siempre así, yo no soy nunca tú, soy yo.

Hemos sido torpedeados con tanta publicidad de este tipo que, al final, hemos creído que en nuestro interior existe una verdad fundamental, ajena al mundo, que debemos descubrir (consumiendo, claro está). Pero deberíamos ser conscientes de que, aunque mis pensamientos sean muy míos, únicos, originales y privados, es imposible pensar sin lenguaje, y el lenguaje es de todo menos privado. El lenguaje con el que pensamos es de origen colectivo y previo a nuestro pensar. La comunidad, guste o no guste, precede al yo. El individuo es un producto de la comunidad humana de referencia. Nuestro nombre, símbolo de nuestra identidad, ha sido puesto por otros y, aunque nos lo cambiásemos, en un intento desesperado por singularizarnos, el nuevo nombre no dejaría de tener también un origen colectivo. El yo no es una emanación de la individualidad, sino una construcción social. Es relacionándonos con los otros como nos vamos definiendo. Si hubiésemos nacido en unas coordenadas espaciotemporales diferentes, no solo sería otro nuestro nombre de pila, sino también serían otras las palabras, las categorías y los conceptos con los que responderíamos a la pregunta: ¿quién soy yo? Si a nuestra cigüeña le hubieran dado otras coordenadas, sería otro el Dios al que rezaríamos o del que renegaríamos, otros nuestros valores, otros nuestros gustos gastronómicos, otra nuestra forma de vestir, otra nuestra orientación sexual, otro nuestro sentido común, otra nuestra vivienda, otra nuestra moral, etc. Si hubiésemos nacido hombre en la antigua ciudad de Tebas, se nos habría educado, desde nuestra más tierna infancia, para ser homosexuales y formar parte de las 150 parejas de amantes del Batallón Sagrado, uno de los cuerpos de élite más famosos de la Antigüedad. Y si hubiésemos nacido en nuestra misma época, pero en el río Maici en Brasil, territorio de los piraha, no podríamos pensar en el pasado ni en el futuro, no tendríamos ni Dios ni historia ni edad, ya que los piraha no conjugan sus verbos ni tienen números.

Pero el neoliberalismo nos ha calado tan en lo hondo, que nos hemos tragado el mito del yo interior. Quizá sea esa la razón por la cual exhibimos nuestra intimidad en las redes sociales. Estamos tan ensimismados con nuestra identidad que el universo ha dejado de asombrarnos. Nuestra mirada es la del selfi. Lo que hoy despierta la *cu-*

riosítas del sujeto no es el mundo exterior, sino su personalidad, su mundo interior. La nuestra es una sociedad narcisista de individuos solitarios que, enamorados de su reflejo en las pantallas, han abandonado todo proyecto comunitario. Pero como el mito señala, Narciso debe convertirse en otro para poder llegar a amarse a sí mismo. Y es aquí donde nace la obsesión del individuo posmoderno por diferenciarse, singularizarse, customizarse o personalizarse. Aquí nace la razón de una extravagancia que le lleva desde pintarse el pelo de azul a modificar su propia biología mediante implantes tecnológicos. Aquí nace su angustia por no saber nunca quién es a pesar de estar todo el día solo consigo mismo.

En nuestra cultura, todo lo que sea diversidad se valora como intrínsecamente positivo. El individuo posmoderno ya no busca su identidad en la pertenencia a un grupo, sino diferenciándose de los demás. Nada te identifica hoy más que el sentimiento de no encajar, ni siquiera en tu propio cuerpo. Pero la mirada *queer* es un espejismo: lo que uno siente como una vivencia interna no es más que un estereotipo sexista que el individuo ha interiorizado. Por otro lado, concluyen Pérez y Errasti, la teoría *queer*, al negar el sexo biológico convierte la palabra *mujer* en un significante sin significado, y llega al absurdo lógico de afirmar que «mujer es quien se siente mujer». Hasta las niñas de primaria saben que no se puede incluir en la definición el concepto que se pretende definir. Judith Butler se termina refutando a sí misma al ser incapaz de alcanzar una definición de mujer: cuestiona la que teníamos, no para corregirla por otra, sino para dejarla vacía de contenido. Lo que perpetra Butler es un asesinato de la categoría de «mujer», un acto de violencia conceptual contra el sujeto político del feminismo. Así que era de esperar que las feministas estén un poco cabreadas con

Butler, ya que consideran que su teoría supone una amenaza a su proyecto de emancipación. ¿A qué mujeres liberamos si ya no sabemos quiénes son las mujeres? Para entender el cabreo de las feministas solo hace falta imaginar lo que pensarían Martin Luther King o Malcolm X de un académico de tez blanca, origen europeo y clase media que afirmase que «negro es quien se siente negro», que él es negro porque así lo siente y que también siente el frío de las cadenas de la esclavitud y la discriminación racial.

Si un deportista no encaja o no se identifica con los estereotipos socioculturales de su sexo, lo que tendremos que cambiar, consideran Pérez y Errasti, no es lo segundo, sino lo primero. Lo que sí parece ser una verdad compartida es que corra donde corra una mujer trans, nuestra sociedad será un lugar mejor para todos cuando desaparezca definitivamente la discriminación, el maltrato, la humillación y la invisibilización que estas personas han sufrido injustamente a lo largo de la historia.

¿QUÉ CÓDIGO ÉTICO INSTALARÍAS EN TU COCHE?

Protágoras, Peter Singer, Jeremy Bentham, Ursula K. Le Guin, Plutarco, Kant, Sócrates, Hierocles, Simone Weil

Llevas varios meses pensándolo y haciendo cuentas. Has trabajado duro este año y has ahorrado lo suficiente como para darte un merecido capricho. Así que este sábado, en lugar de ir como siempre al supermercado a hacer la compra de la semana y discutir con tu pareja sobre marcas de yogures, te acercas hasta el concesionario para estudiar las ofertas en automóviles. El desarrollo de la IA aplicada a vehículos ha evolucionado tan rápido en los últimos años que en tu trabajo ya hay varios compañeros fardando de tener un cochazo que conduce solo. Y claro, tú no vas a ser menos. El Gobierno ha puesto en marcha una campaña de ayudas a la compra de coches autónomos. Preguntas en el concesionario por las condiciones, haces números y al final te decides por uno de los modelos mejor equipados. ¡De perdidos al río! Con el color aún no lo tienes del todo claro. Mientras miras el catálogo, el comercial que te está atendiendo te pregunta si ya has decidido el sistema ético que le vas a instalar. Tu cara de asombro te delata. No tienes ni la menor idea de qué te está hablando. El comercial te explica que, según obliga la ley, debes escoger los principios por los que se regirá el algoritmo del coche en caso de accidente. Le confiesas que aprobaste filosofía copiando, que de ética no tienes mucha idea y que sabes lo básico: no está bien atropellar a ancianas cuando cruzan un paso de cebra, circular a 160 kilómetros por hora a la salida de un colegio, hacerle la peineta a la policía, ni robarle combustible al vecino (aunque la inflación, a veces, te haga dudar de ello). El comercial te dice que no te preocupes, que el Massachusetts Institute of Technology (Instituto de Tecnología de Massachusetts) ha desarrollado lo que se conoce como «La máquina moral», una especie de juego diseñado para que puedas enseñarle a tu coche los principios éticos que le deben guiar en la toma de decisiones. El escenario diseñado por La máquina moral y sobre el que debes elegir es el siguiente:

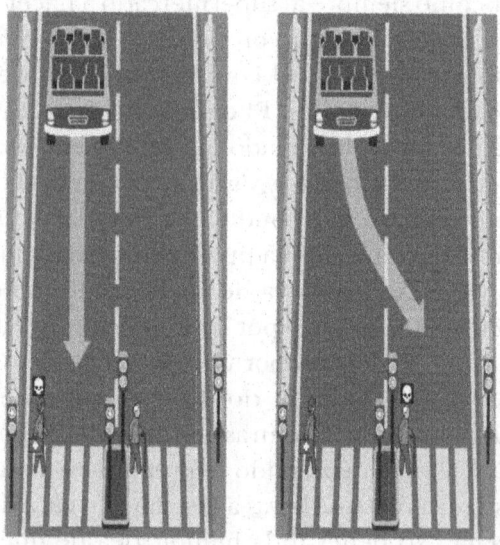

Opción 1: En este caso, el coche autónomo con fallo en los frenos continúa adelante y atraviesa el paso de peatones de frente. La consecuencia es la muerte de una

mujer joven, que puede ser madre y es doctora. Observad que el peatón afectado está violando la ley cruzando el semáforo en rojo.

Opción 2: En este caso, el coche autónomo con fallo en los frenos gira y atraviesa el paso de peatones en el otro carril. La consecuencia es la muerte de un anciano fumador de ochenta y seis años. Observa que el peatón afectado está respetando la ley cruzando la señal en verde.

El comercial te deja a solas frente a la pantalla y te informa de que una vez que soluciones el dilema, el fabricante sabrá si instala en tu coche un sistema ético consecuencionalista o deontológico y, para que puedas saber más y valorar mejor ambos sistemas, te deja las siguientes páginas de este libro.

DILEMAS TAN ANTIGUOS COMO LAS JABALINAS

Finales de julio del año 430 a. C. Estadio de mármol blanco de la ciudad libre de Atenas. Los ciudadanos llevan días celebrando las Grandes Panateneas, los juegos atléticos en honor a la diosa Atenea. Han llegado viajeros de todos los rincones del Mediterráneo. Ya han tenido lugar las carreras de hombres armados, el pugilato, la lucha y el pancracio. Hoy toca la prueba de lanzamiento de jabalina. La expectación es máxima; han pasado cuatro años desde la última competición. La grada de honor la presiden Pericles, arconte de la ciudad, máxima autoridad política de Atenas, y Protágoras, filósofo natural de la ciudad griega de Abdera, invitado por los atenienses, máxima autoridad intelectual de toda Grecia. Un joven atleta local, del mismo *demos* de Sócrates, se encinta el pelo y, con algo de inseguridad, toma una tira de cuero para enlazar su jabalina al dedo índice. Seguidamente, da unos pequeños pasos para tomar impulso e intercambia sus pies para lanzar. La jabalina asciende furiosa surcando el aire y, cuando alcanza su punto máximo, comienza a descender como un águila en busca de su presa. A los pocos segundos, el graderío prorrumpe en un grito de espanto para concluir en un silencio sepulcral. La jabalina ha atravesado la cabeza y el pecho de Epítimo de Fársalo, un atleta que se estaba preparando para ejecutar el lanzamiento de disco, causándole una muerte espantosa. Los organizadores suspenden las pruebas de ese día. El público desaloja el estadio. Los únicos que se quedan son Protágoras y Pericles, que inician un apasionado diálogo en el que tratan de determinar, por estricta lógica, quién era el responsable del mortal accidente: el lanzador, los organizadores de la competición o la jabalina. Según relata el historiador Plutarco, la discusión duró todo un día.

Del debate, lo que hoy nos llama más la atención es que se pueda echar el muerto a la pobre jabalina, pero ha de tenerse en cuenta que la ley de Dracón permitía llevar a juicio por homicidio tanto a animales como a objetos. Tal y como relata Platón en sus *Leyes*:

Cuando un objeto inanimado despoje a un hombre de su alma, salvo si es un rayo o algún dardo que venga de Dios, pero en el caso de todo lo demás aquello que mate a alguien, o bien porque la persona se cae sobre él o él mismo cae sobre la persona, el familiar debe poner de juez al vecino más cercano y, tras hacer una expiación por sí mismo y por toda la parentela, expulsar más allá de los límites al culpable, como se prescribió en el caso de los animales.

Sírvanos de ejemplo el caso de la estatua de Teágenes de Tasos, un famoso atleta, que, casualmente, cayó encima de un antiguo enemigo suyo (del atleta, no de la estatua). Los atenienses juzgaron a la escultura, la declararon culpable, la condenaron al destierro y la terminaron arrojando al mar. Si los atenienses examinasen el impacto de algunas tecnologías sobre la salud de nuestras almas, es muy probable que muchos de nuestros cacharros electrónicos terminasen en las profundidades del Mediterráneo. En cuanto a la responsabilidad del lanzador de la jabalina, debemos señalar que la justicia ateniense distinguía los siguientes tipos:

- *Homicidio voluntario o premeditado*: el que ocurre después de planearlo y es fruto de una decisión consciente y libre de matar a otro ser humano.
- *Homicidio impremeditado*: cometido involuntariamente o por una reacción inmediata a una emoción. Sirva como ejemplo el caso de un boxeador que mata, involuntariamente, a su rival en un combate.
- *Homicidio involuntario*: asesinato no intencional que es consecuencia de una negligencia o imprudencia.

Es muy probable que Pericles y Protágoras examinasen concienzudamente si hubo o no negligencia en el atleta que lanzó la jabalina. Pericles, como máxima autoridad de la ciudad, debió decidir si los organizadores del evento, que eran cargos públicos, habían ejecutado con responsabilidad sus obligaciones, porque, si se diera la circunstancia de que el accidente hubiese sido fruto del incumplimiento de sus funciones civiles, podrían ser acusados de delito contra la *polis*, con cargos que incluían desde altísimas multas hasta el destierro o la muerte. Por cómo gestionaron la pandemia de la covid-19, más de uno de nuestros cargos públicos hubiese acabado bebiendo cicuta si Pericles y las leyes de Atenas nos gobernasen hoy.

Lo que salta a la vista, y explica las largas horas de discusión, es que el dilema de la jabalina excedía con mucho el ámbito jurídico y abría el melón para un auténtico debate ético que reflexionase cómo debe asumir una sociedad las desgracias que en ella acontecen. Lo que indagaban Protágoras y Pericles no era a quién cargarle el muerto, sino cuál era la responsabilidad máxima según la recta razón, según el razonamiento más justo. La complejidad del problema de la jabalina reside en saber discernir entre las responsabilidades individuales y las colectivas. El caso del coche autónomo es, en esencia, exactamente el mismo que el de la jabalina, y las preguntas que podemos hacernos son idénticas a las que quitaron el sueño a Pericles y a Protágoras: si hubiese un accidente, ¿de quién es la responsabilidad máxima? ¿Del propietario del vehículo? ¿De la empresa fabricante? ¿Del programador de la IA que lo conduce? ¿De la Dirección General de Tráfico? ¿De los legisladores? Disponemos de todo el día para discutirlo.

¿Consecuencionalismo o deontologismo?

Si decantarse por un sistema Android o por uno iOS es la eterna duda de los compradores de *smartphones*, consecuencionalismo o deontologismo es la propia del sujeto ético, es decir, aquel ser que, a diferencia de un geranio o un pato, se impone normas y regula sus acciones. Aunque el ser humano ha inventado y desarrollado una amplia diversidad de doctrinas morales, al igual que ocurre con los móviles, las opciones que los usuarios tenemos para elegir sistema operativo se han terminado reduciendo prácticamente a dos: consecuencionalismo o deontologismo, esa es la cuestión. Los adeptos a cada sistema ven sus ventajas e inconvenientes, sus filias y sus fobias y, sobre todo, tienen sus argumentos para preferir uno frente al otro. Uno tiene más actualizaciones, otro es más fácil de aplicar. Uno es más seguro, otro es más personalizable. Uno goza de más popularidad, otro garantiza más disfrute y satisfacción. La elección, en último término, dependerá de qué sea lo que más valore cada usuario. La única diferencia en el caso de los sistemas éticos es que el precio es irrelevante. Las teorías éticas, como las botellas de sidra, aunque cuestan todas lo mismo, no valen todas lo mismo. Ofreceremos una *review* de cada sistema para que el lector pueda sacar sus propias conclusiones y actuar como un sujeto ético hecho y derecho, es decir, hecho a sí mismo (autónomo) y reconocido por los otros sujetos como poseedor de derechos y deberes (digno).

REVIEW DEL CONSECUENCIONALISMO

El modelo consecuencionalista (ahora dilo en alta voz con un polvorón en la boca) determina la bondad o maldad de las acciones teniendo en cuenta solo, y subrayamos <u>solo</u>, sus consecuencias totales. Y es que lo propio de este tipo de éticas es negar la existencia de unos principios morales universales y absolutos. Sabemos que una conducta es buena, no porque esta sea conforme a las normas dictadas por un Dios, a las tradiciones de nuestros venerables antepasados o a unas leyes que la razón descubre pensando sola en sus cosas al margen del mundo y de los hombres, sino porque observamos, calculamos y analizamos sus resultados. Por muy antigua que sea la tradición de nuestro pueblo de tirar a una pobre cabra de un campanario, si las consecuencias de dicha práctica

son el sufrimiento gratuito de un animal y el embruteci-
miento colectivo, pues vamos, que no hay libro sagrado,
acervo moral, ni principio racional que lo justifique.

Para el consecuencionalismo, las leyes morales se for-
mulan de forma análoga a las ciencias naturales. El físico, cuando comienza su investigación, no deduce con el
solo ejercicio de su razón las leyes del universo y luego
parte a la naturaleza a comprobar si esta se comporta
según aquellas. Todo lo contrario, comienza observando
el universo, fija su atención en las relaciones entre unas
determinadas causas y unos determinados efectos, mide
y calcula, reflexiona y, por último, formula unas leyes
que recogen todo lo observado y que siempre pueden
revisarse a la luz de nuevos casos. El señor Isaac Newton,
en sus *Principios matemáticos de filosofía natural*, le mandó
un histórico zasca al señor René Descartes cuando escribió su famosa frase *hypotheses non fingo*, normalmente traducida como «no finjo hipótesis», y que venía a criticar
la manía del señor del *cogito, ergo sum* de dar como válidas teorías que no tienen ninguna base empírica. Pues
bien, para los consecuencionalistas, la ética tiene que ser
como la física de Newton: no puede ser algo bueno en
teoría, pero malo en la práctica. Si la aplicación de un
código ético es imposible porque sus consecuencias son
desastrosas, por muy ideal, racional y bello que sea ese
código, su defecto no es solo teórico, sino práctico. Si la
teoría no concuerda con la realidad, no debiéramos ser
tan estúpidos, tercos o deshonestos como para afirmar
que el error está en la realidad. Un código ético debe
servir para guiar nuestra acción en la complejidad de la
vida, allí donde hay matices y grises, allí donde no está
asegurado que terminemos haciéndonos daño a nosotros mismos y a otros. Parece obvio que, si dicho código
no nos sirve para eso, entonces no sirve para nada. Si,

por ejemplo, un sistema de normas morales incluye que «no se debe mentir nunca» y su aplicación práctica en determinados casos, como la delación de personas judías a la Gestapo durante el nazismo, nos conduce a la muerte de inocentes, debemos considerarlo un fracaso no de la norma, sino de un código ético que nos obliga a no hacer nunca excepciones a la norma y a respetarla en toda circunstancia. Cuando a una ley científica le sale un caso rana que la refuta, a ningún científico honesto se le ocurre decir: «Bueno, en este caso particular la norma falla, pero, como en el resto nos ha funcionado, debemos seguir considerándola como válida». Cuando los ornitólogos descubrieron, en Australia, a finales del siglo XVII, unos especímenes de cisnes negros desecharon inmediatamente su idea de que todos los cisnes son blancos, y no se dedicaron a eliminar a los pobres pájaros australianos para no tener que reescribir sus tratados. Los buenos legisladores tienen esto meridianamente claro y, por ello, exigen que las normas no solo sean justas, sino, además, eficaces y efectivas. La incapacidad de aplicación de una norma jurídica o la pérdida de sentido de esta son la antesala de su inminente derogación. Cuando una norma deja de surtir el efecto que perseguía, empecinarse en conservarla es hacer del medio un fin en sí mismo. Pero, además, se debe recordar que uno de los principios generales del derecho reza: *impossibilium nulla obligatio est* ('la obligación imposible es nula'), y recoge la intuición, que ya tuvieron los antiguos, de que por firme y fuerte que sea un mandato, por legítimo y correcto que se estime su ejercicio, o por buena y santa que sea su intención, siempre acaba destruyéndose cuando se topa con el infranqueable obstáculo de una realidad que lo imposibilita. En definitiva, una norma no puede ser justa si obliga a la injusticia.

Un buen consecuencionalista, a la hora de diseñar un código ético, debe tener en cuenta que lo que antes era bueno quizá ahora ya no lo sea tanto, y, por ello, cuestiona la capacidad de las normas morales tradicionales para orientar nuestra conducta en el presente actual: ¿cómo va a servirnos la moral de un pueblo nómada, que sobrevivía en el desierto hace milenios pastoreando cabras, a los ciudadanos de las urbes del siglo XXI que se desplazan en coches autónomos? Peter Singer, uno de los consecuencionalistas más conocidos reflexiona así sobre este asunto:

> Lo que era bueno para nuestros ancestros puede que no sea bueno para los seres humanos de hoy en su conjunto, y menos aún para nuestro planeta y para el resto de los seres vivos que lo habitan. Sin duda las posibilidades de supervivencia de pequeñas comunidades humanas, en un planeta apenas poblado, serían mayores siguiendo una ética que dijera «creced y multiplicaos» y que, en consecuencia, favoreciera las familias numerosas y condenara la homosexualidad. Hoy podemos y debemos analizar críticamente cualquier reacción intuitiva que podamos tener ante estas prácticas y tomar nota de cuáles son las consecuencias de tener familias numerosas, o de la homosexualidad, para el mundo en el que vivimos.

El consecuencionalista no tendrá en cuenta para sus deliberaciones las normas morales de su tradición; no juzgará las conductas como buenas o malas en función de que respeten o violen un sagrado mandamiento. Lo que un sujeto responsable debe hacer es meditar y calcular las consecuencias de su acción sobre el bienestar de los afectados, con independencia de si dicha acción está ordenada o prohibida por las normas recibidas. Un agente moral autónomo no mirará hacia el pasado, sino hacia el futuro, se marcará unos buenos objetivos y valorará las acciones en función de que favorezcan o no la consecución de dichas metas. ¿Y qué meta hay más noble que promover la felicidad?

Para Jeremy Bentham, el padre del utilitarismo, la teoría consecuencialista más popular, felicidad y utilidad son dos conceptos que están tan íntimamente vinculados como los de justicia y ley (o el reguetón y la aspirina). El noble objetivo de Bentham fue el de reformar el complejísimo, obsoleto y lento aparato normativo inglés con un único principio simple, eficaz y de fácil aplicación: el principio de utilidad según el cual lo correcto es aquello que produzca mayor felicidad. Las diferentes normas, regulaciones y leyes deben tener como única finalidad promover la felicidad de los individuos que integran una comunidad. Este es el código fuente que usa el utilitarismo para desarrollar cualquier *software* ético, también el de nuestro coche:

[Sopesa imparcialmente el efecto de tus posibles acciones sobre la felicidad de todos los afectados]
[Ejecuta aquella que se traduzca en el mayor saldo de felicidad para el conjunto de la sociedad]
[Calcula la felicidad teniendo en cuenta el aumento del placer y la disminución del sufrimiento del conjunto de la sociedad]
[No favorezcas los intereses de una persona o un grupo sobre los de todos o la mayoría. Las preferencias de cada persona deben contar exactamente lo mismo]

Entre los utilitaristas ha habido fuertes debates sobre cómo entender la felicidad: ¿son todos los placeres en esencia lo mismo o hay unos superiores a otros? ¿Se debe reducir esta al placer o hay otro tipo de experiencias valiosas que también la conforman? ¿Debemos incluir los valores, los proyectos o los gustos de la persona? ¿Nos complacemos todos de las mismas cosas? ¿No implicaría eso la existencia de una presunta naturaleza común a todos los seres humanos? Pues bien, para zanjar las discusiones, el utilitarismo de tercera generación ha incluido una nueva línea en el código:

> [Interpreta el término felicidad como la satisfacción de las preferencias individuales de las personas afectas, sean estas las que sean]

Pues nada, ahora ha llegado el momento de instalar este código en nuestro coche autónomo y observar qué pasa: nuestro vehículo acaba de llevarse por delante al pobre señor de ochenta y seis años y su cajetilla de tabaco. No es personal. El algoritmo no tiene nada contra él, pero la vida de la joven madre doctora es indudablemente más útil y beneficiosa para la sociedad. De hecho, esta situación recuerda a lo vivido en las ucis de nuestros hospitales durante la crisis sanitaria de la covid-19, cuando se recuperaron los triajes de guerra con los que se seleccionaba a quién salvar y a quién no. Una decisión durísima, pero que alguien tuvo que tomar para el bien de todos.

REVIEW DEL DEONTOLOGISMO

¿Qué ocurriría si, en el supuesto anterior, el señor atropellado es nuestro padre? ¿Seguiremos considerando este sistema como válido? ¿Lo instalaríamos en nuestro vehículo autónomo? Debemos recordar que le dimos al algoritmo la orden de ser imparcial y de no favorecer a nadie. Este es uno de los principales inconvenientes del sistema consecuencionalista y hace que algunos usuarios lo rechacen para decantarse por el deontológico.

El término deontologismo proviene del griego *déon, -ontos*, en español: 'lo que debe hacerse', 'lo que es necesario', 'obligatorio', y hace referencia a todos aquellos sistemas éticos que consideran que el principio de utilidad es tan solo uno de los principios que han de ser tenidos en cuenta en la deliberación, y no es precisamente de los más relevantes. Cualquier persona con dos dedos de frente sabe que hay cosas que no se pueden hacer por muy útiles que sean para el bienestar del conjunto de la sociedad. En 1973, la escritora estadounidense Ursula K. Le Guin publicó *Quienes se marchan de Omelas*, una novela corta de apenas cuarenta páginas que enfrenta a todo lector a una terrible elección. De hecho, Ursula K. Le Guin confesó que la escribió para que los profesores la usasen con el fin de provocar encendidas discusiones morales entre su alumnado.

Omelas es una maravillosa utopía en la que sus habitantes viven en plenitud. El relato comienza con una fiesta en un cálido día de verano. Ursula K. Le Guin nos dibuja con sus palabras un universo en el que la tecnología nos ha emancipado definitivamente de la alienación del trabajo. Nada sucede con prisas, los ciudadanos son dueños de su tiempo y disponen de él para saborear intensamente los placeres que la vida ofrece. En Omelas, todos son cómplices de una felicidad desmesurada.

La perfección de Omelas es extraña. Conforme nos vamos sumergiendo en su paraíso, una cierta sensación de desasosiego nos embarga. El lector tiene la intuición de que algo no encaja. Algo en nuestro interior nos dice que todo no puede ser tan perfecto. Estamos en lo cierto. En uno de los edificios públicos, la ciudad guarda un secreto execrable. En un calabozo oscuro y miserable se encuentra encerrado un niño, atravesado por el dolor. Su tormento es el recordatorio constante de que nada es gratuito. Sin su miseria, los habitantes de aquella ciudad maravillosa dejarían de ser felices. Como una especie de Atlas, que en la mitología griega era el responsable de sujetar el peso de los cielos, ese niño sostiene sobre sus hombros la utopía en la que otros viven. Un simple gesto de amabilidad no solo rompería el eterno castigo de ese ser, sino también el paraíso.

Pero los habitantes de Omelas deben ser conscientes del precio de su felicidad y, por ello, al cumplir la mayoría de edad, han de atravesar el más severo de los ritos de paso: bajar a las profundidades del calabozo, contemplar con sus propios ojos al niño, soportar que este les devuelva la mirada y tomar una decisión. ¿Hasta qué punto podemos permitir que el sufrimiento de uno, o de 6.500, garantice nuestra felicidad? Los que son capaces de olvidar la visión del niño pueden regresar a seguir disfrutando de la dicha de Omelas. Los que no pueden borrar esa imagen de su alma se marchan de allí para siempre. Si el lector es de los que no dudan en dejar atrás la morbosa utopía de Omelas, el deontologismo es su sistema.

La deliberación moral, según el deontologismo, no solo debe tener en cuenta las consecuencias sino, además, la naturaleza misma de la acción. La felicidad de todo un pueblo es un objetivo loable, pero deja de serlo cuando, para ello, se hace uso del sufrimiento de un inocente. No hace falta ser catedrático de ética en una universidad anglosajona y haber leído montañas de ensayos académicos, el sentido común nos dice que no está bien matar a un inocente para salvar a todo un pueblo. Y es que, para el deontologismo, hay ciertas normas que debemos respetar si queremos seguir mirándonos en el espejo sin que se nos caiga la cara de vergüenza. Plutarco narró una famosa anécdota que ilustra bien el carácter excepcional de este tipo de obligaciones:

habiéndose producido una terrible hambruna en Roma, Pompeyo recorrió el Mediterráneo buscando cereales para salvar a la población. Cuando por fin consiguió trigo, se desató el mal tiempo y los marineros temían hacerse a la mar. Consciente de su deber, Pompeyo dio la orden de zarpar y proclamó con una voz cargada de autoridad: «Navegar es necesario, vivir no es necesario». Los amedrentados marineros se callaron ante tal evidencia y zarparon entre los rayos que caían de un iracundo cielo. Fernando Pessoa convirtió la historia de Plutarco en un poema que se incrusta como una saeta en el alma de todo lector, la vulnera y le hace claudicar ante la existencia de unos deberes inexcusables:

Navegantes antiguos tenían una frase gloriosa:
«Navegar es preciso; vivir no es preciso».

Quiero para mí el espíritu de esta frase, transformada
la forma para casarla con lo que yo soy; vivir no
es necesario; lo que es necesario es crear.

No cuento gozar mi vida; ni en gozarla pienso.
Solo quiero tornarla grande, pese a que para eso
tenga que ser mi cuerpo y mi alma la leña de ese fuego.

Solo quiero tornarla de toda la humanidad; pese a que para eso
tenga que perderla como mía.

Cada vez más así pienso. Cada vez más pongo
en la esencia anímica de mi sangre el propósito
impersonal de engrandecer la patria y contribuir
para la evolución de la humanidad.

Es la forma que en mí tomó el misticismo de nuestra Raza.

El poema de Fernando Pessoa hirió tan profundamente el alma de Caetano Veloso que lo transformó en una canción de marineros, *Os argonautas*. La música de Caetano nos recuerda que hay cosas más importantes, valiosas, bellas y dignas que la propia vida. Triste es la vida que no tiene un motivo fuera de ella misma. Una vida que solo sobrevive no merece la pena ser vivida. No construimos barcos para regresar, sino para navegar. Nuestro fin no es supervivir, sino vivir, y ello implica buscarle un sentido a la vida, un para qué, un para quién. Recomiendo al lector que abandone un momento la lectura, que escuche la hipnótica canción de Caetano Veloso y que medite sobre cuál es el puerto al que es necesario, obligatorio y un deber navegar y, una vez que se haya bajado de la nave de los argonautas, es tiempo de que afrontemos esta pregunta: ¿qué clase de normas son estas que obligan con tal fuerza inexcusable como para poner en riesgo nuestra propia vida? Los seres humanos nos guiamos por normas, pero estas no son todas de la misma especie. Existen reglas sociales, como ser puntual o saludar al vecino al entrar en el ascensor; preceptos religiosos, como los que obligan al creyente a cumplir determinados ritos; disposiciones legales, como las que regulan circular a una determinada velocidad o pagar impuestos, etc. Pero hay un tipo especial de reglas: las normas morales. Kant llamó «imperativos» (del latín *imperare*, 'ordenar', 'mandar') a cualquier enunciado normativo que nos informa sobre qué es lo que debemos hacer, y los clasificó en dos tipos:

- *Imperativos hipotéticos*: prescriben determinadas conductas no porque sean buenas en sí mismas, sino en la hipótesis, a condición de que estimemos como bueno y deseable el fin que persiguen. No son universalizables. No obligan a todo el mundo en cualquier circunstancia. Admiten, por tanto, excepciones.

- *Imperativos categóricos*: ordenan acciones que son buenas en sí mismas. Este tipo de normas expresan «deberes perfectos», esto es: deberes que no admiten excepción alguna, ni siquiera si su incumplimiento acarrea consecuencias indeseables. A este tipo de imperativos corresponderían aquellos que representasen una acción por sí misma como objetivamente necesaria, sin referencia a ningún otro fin.

Ser puntual es un imperativo hipotético porque esta norma social admite excepciones. Nadie, en su sano juicio, me reprocharía llegar tarde a clase si la causa es que, en mi camino al aula, he tenido que socorrer a una persona que ha sufrido un infarto. Por otro lado, sería una inmoralidad, y una tremenda estupidez, que ante el accidente cardiovascular de otro ser humano me excusase diciendo algo tal que así: «Tengo conocimientos de primeros auxilios y podría practicarle una maniobra de reanimación cardiopulmonar que le salvase la vida. Pero, ha de disculparme, porque no puedo faltar a mi deber de impartir mi clase a la hora debida. Siento mucho su inminente fallecimiento, pero me debo a la norma social de ser puntual ya que, si la incumplo, nunca más sería capaz de mirarme a la cara».

Parece evidente que la norma de salvar la vida de un ser humano es de un género diferente y superior a la de ser puntual. Otro aspecto en el que se diferencian estos dos tipos de deberes es la razón por la cual los respetamos. Las razones para respetar una norma social son no ser castigado con el rechazo, la censura o la burla o conseguir la aceptación y el reconocimiento de los demás. Obviamente, puede haber razones en contra, por ejemplo, estimar más la independencia personal que la estima social. Así, puede suceder que unas razones aconsejen acudir a la comunión de la hija del jefe y otras lo desaconsejen. Toca entonces deliberar y sopesar los pros y los contras antes de tomar una decisión. En situaciones como estas, usamos la razón como una balanza con la que consideramos cuál es el motivo que pesa con más fuerza en ese caso concreto. Habrá casos en los que tendrán más peso las razones económicas; en otros contextos, en cambio, pesarán más motivos hedonistas como evitar un sufrimiento o disfrutar de algo que se considera valioso, o la necesidad de seguridad o afecto, o el reconocimiento social, etc. Pero existe un tipo de razón especial que no puede ser contrapesada por ninguna suma de razones acumuladas en su contra: la razón moral.

Saberse sujeto a un deber moral es reconocer un límite que no se puede rebasar. Tener principios es estar absolutamente seguro de que hay ciertas cosas que uno no haría ni por todo el dinero del mundo. Los principios, como bien dice David Cerdá, son «como señales que disparan algoritmos; si ocurre Y, haré X», pase lo que pase. Para una persona íntegra no existe en el universo ni una sola razón para incumplir un deber moral. Sócrates, ante la amenaza de los jueces de condenarlo a muerte, reconoce que ni siquiera conservar la vida es una razón suficiente para actuar injustamente:

No tienes razón, amigo, si crees que una persona que sea de algún provecho ha de tener en cuenta el riesgo de vivir o morir, sino el examinar solamente, al obrar, si hace cosas justas o injustas y actos propios de una buena o una mala persona.

Los principios morales son irrebatibles. Quien tras haberlo meditado ha llegado a la conclusión de que es su deber realizar una determinada acción, podrá incumplir ese deber, pero no podrá decir que tiene razones para ello.

La clave para reconocer estos principios es su universalidad. Así pues, para hallarlos, debemos razonar de una manera muy similar a como lo hacemos en matemáticas, porque de lo que se trata es de alcanzar verdades independientes de nuestra situación particular, puntos de vista, prejuicios, opiniones, deseos, fobias y filias. El teorema de Pitágoras es una verdad universal. Sabemos *a priori* que se cumplirá en cualquier triángulo rectángulo, que no existe excepción alguna, y que su validez es independiente del género, la ideología, la moral o la clase social de la persona que lo enuncie. A este tipo de verdades es a las que debemos aspirar en ética. Los principios y normas que guíen nuestra conducta han de obligarnos a todos de forma categórica en iguales circunstancias. Preguntar por qué se deberían cumplir estos principios ha de ser un absurdo, ya que tales deberes no serían un medio para adquirir un beneficio, sino un bien en sí mismo, puesto que un mundo sin ellos sería, indudablemente, un mundo peor.

Kant ideó un experimento mental para ayudarnos a encontrar estos principios. El filósofo alemán nos pide que imaginemos una utopía moral a la que llamó «Reino de los fines». Este es un reino muy especial, que nunca ha existido en la tierra, pero que podemos imaginar. En el país kantiano no hay reyes eméritos que defrauden impuestos y usen los servicios públicos para asuntos privados; más que nada porque este reino no tiene ningún rey y en él todos los súbditos son reyes. Todos sus habitantes hacen las leyes y todos se someten a ellas. Todos son igualmente libres porque, al cumplir las normas que ellos mismos se han dado, y no las de otro, están haciendo lo que quieren. Que cada uno tenga o no corona es irrelevante. Lo importante es que en este reino todos, absolutamente todos, son igualmente dignos, lo que significa que ninguna persona es tratada como un objeto para satisfacer nuestras necesidades, deseos o apetitos. Ninguna persona puede ser usada, vendida o intercambiada por otra cosa. Lo que tiene dignidad no es aquello que tiene un alto precio, sino aquello que está por encima de todo precio, lo que no tiene precio. Nadie, en este reino, es usado como un medio para los fines de otros. Todo lo contrario, la humanidad entera es un fin para todos y cada uno de los individuos. Siendo un fin en sí mismo, cada ser humano es único y no puede ser sustituido por nada ni por nadie, ya que carece de equivalente. El reino que describe Kant es justamente el mismo que cantó el poeta John Donne en su meditación XVII:

Ningún hombre es una isla entera por sí mismo.
Cada hombre es una pieza del continente, una parte del todo.
Si el mar se lleva una porción de tierra, toda Europa queda
*   [disminuida,*
como si fuera un promontorio, o la casa de uno de tus amigos,
*   [o la tuya propia.*
Ninguna persona es una isla; la muerte de cualquiera me afecta,
porque me encuentro unido a toda la humanidad;
por eso, nunca preguntes por quién doblan las campanas;
*   [doblan por ti.*

El experimento mental de Kant nos obliga a no actuar bajo principios que impliquen la competitividad entre seres humanos, sino una común-unidad y una perfecta armonía en la que ningún ciudadano quede fuera. Estos principios deben promover un mundo perfectamente humano en el que el libre desarrollo de cada uno sea la condición para el libre desarrollo de todos. No se puede defender la dignidad de uno negándosela a otro. El reino de

Kant obliga a ver la ética, no desde el punto de vista de un individuo aislado (que no existe, como demuestra John Donne), sino desde el de una comunidad de seres racionales que se reúnen para dialogar y decidir juntos. Ahora bien, la comunidad a la que se refiere Kant no es mi clase social, mi pueblo o mi patria, sino la humanidad misma. La mirada que Kant nos exige es la misma que proponía Hierocles, un filósofo estoico del siglo II, que afirmaba que en nuestras relaciones con los demás construimos círculos concéntricos en función de la proximidad. Tomándonos a nosotros mismos como centro, construimos un primer disco que representa nuestra familia, un segundo formado por nuestros vecinos y conocidos, un tercero que son los compatriotas y un último que es el de la humanidad. La propuesta de Hierocles es tratar a las personas de los círculos exteriores como lo hacemos con las de los interiores: a nuestros vecinos como familiares y a cualquier ser humano como mi compatriota.

Desde la mirada universal del reino de Kant, se diseñan sistemas normativos que son susceptibles de ser elevados a ley general porque respetan la dignidad y la autonomía de cualquier ser humano. Aunque cuidado, no nos confundamos: universalidad de la ley no significa que todos la queramos porque satisface los intereses egoístas de la mayoría, sino porque promueve intereses universalizables. En este sentido, el interés egoísta por parte de Paco y su horda de seguidores en TikTok, de no pagar impuestos y usar ese dinero para comprar la nueva PlayStation, no es universalizable. Paco y sus colegas querrían vivir en un país en el que nadie colaborase para sufragar los servicios esenciales, en un país sin carreteras, sin sanidad, sin educación, sin seguridad, etc. Ningún ser racional tendría interés en vivir en un mundo así. Si Paco afirmase que quiere vivir en una sociedad en la que nadie lo cure o lo proteja, lo tomaríamos por loco. Es más, en la selva no hay enchufes para conectar la PlayStation. En el reino en el que todos los ciudadanos son un fin en sí mismos, cada norma y cada acto, por irrelevantes que sean, deben fomentar la conservación del continente que somos.

Este sería el código fuente que usaría el deontologismo para desarrollar cualquier *software* ético, también el de nuestro coche:

[Actúa siempre respetando los deberes morales]
[Todo deber moral tiene que poder ser universalizable]
[Todo deber moral tendría que poder ser una ley promulgada en el reino de los fines]
[Todo principio que no pueda ser universalizable ha de ser considerado como contrario a la moral]
[Respeta siempre la dignidad de todo ser humano]
[Respeta la vida, la libertad y la autonomía de todo ser humano]
[No uses a ningún ser humano como medio]

No hace falta ser muy perspicaz para descubrir que este código fuente fue el que alumbró la *Declaración Universal de los Derechos Humanos*. Si nos centramos en el asunto de los coches autónomos, desde la tradición deontológica y la *Declaración de los Derechos Humanos*, no sería ético programar nuestra máquina para que decida qué vida tiene más valor: si la de una persona anciana o la de una joven; si la de un enfermo o la de alguien sano; si la de quien respeta la ley o quien la infringe. No deberíamos jugar a ser Dios, decidiendo quién vive y quién muere, sino que nuestra obligación moral es abstenernos y no intervenir en el curso de los acontecimientos. Porque una decisión así es, en sí misma, una monstruosidad moral, como nos recuerda el argumento de la película de

Alan J. Pakula de 1982, *La decisión de Sophie*. Este filme, que lleva a la pantalla una novela homónima, nos presenta, en su momento de mayor dramatismo, a Sophie ante las puertas del campo de concentración de Auschwitz. En el proceso de selección del campo, el médico encargado de decidir quién vive y quién muere da a Sophie una morbosa elección. Debe escoger el destino de sus hijos en una disyuntiva que lleva a la tragedia en todas sus soluciones. Sophie tiene que decidir a cuál de sus hijos salvar del terrible destino de la cámara de gas. Si rechaza la elección, ambos niños mueren. Una decisión que marcará su vida para siempre. ¿Cómo debería uno actuar en una situación semejante? ¿La actitud adecuada no es rechazar la elección, no importa cuál sea el precio? No hay solución correcta en este dilema porque es el propio dilema el que es una aberrante incorrección moral. Ambas vidas son igualmente dignas. Programar a nuestra máquina para que elija una frente a la otra significaría asumir el papel del médico de Auschwitz. Pero, es más, el sistema consecuencionalista contraviene los tres primeros artículos de la *Declaración Universal de los Derechos Humanos*:

Artículo 1: Todos los seres humanos nacen libres e iguales en dignidad y derechos y, dotados como están de razón y conciencia, deben comportarse fraternalmente los unos con los otros.

Artículo 2: Toda persona tiene todos los derechos y libertades proclamados en esta Declaración, sin distinción alguna de raza, color, sexo, idioma, religión, opinión política o de cualquier otra índole, origen nacional o social, posición económica, nacimiento o cualquier otra condición. Además, no se hará distinción alguna fundada en la condición política, jurídica o internacional del país o territorio de cuya

101

jurisdicción dependa una persona, tanto si se trata de un país independiente, como de un territorio bajo administración fiduciaria, no autónomo o sometido a cualquier otra limitación de soberanía.

Artículo 3: Todo individuo tiene derecho a la vida, a la libertad y a la seguridad de su persona.

Cualquier clasificación de las personas en función de su utilidad social no solo las degrada a ellas, sino a la humanidad entera. No hay seres humanos más dignos que otros, ni con más derecho a la vida que otros. Pensar que la vida de un viejo, un fumador, un enfermo crónico, alguien que incumple la ley, un sintecho, un inmigrante, un discapacitado, una persona sin ingresos o un analfabeto tiene menos valor que la de un joven talentoso con una salud de hierro y con un cargo de responsabilidad en una importante empresa es degradar a la persona al estatus de objeto. Estaríamos ante el mismo error intelectual y la misma perversión moral que justificó Auschwitz. Este es el *modus operandi* de regímenes como el nazi o el de los jemeres rojos: deshumanizar a una parte de la humanidad. Cuando se rebaja a la persona a mera cifra es posible sumarlas y restarlas a conveniencia, sin sentir la más mínima empatía ni remordimiento moral. Porque con las cifras sucede justo lo contrario que con los nombres: cuanto más alta sea la cifra de víctimas, menos nos conmueve. A la inversa, cuanto más singular sea el nombre de la víctima, más nos estremece su muerte. El nombre de Aylan todavía nos sobrecoge y la imagen de su cuerpecito ahogado aún nos rasga las hechuras del alma; las estadísticas de la muerte de migrantes en el Mediterráneo no conmueven a nadie. Las cifras desdibujan las caras de las personas para cosificarlas. En Auschwitz se sustituía el nombre de los prisioneros por un número con el que era muy difícil identificarse. Una vez deshumanizada a la persona, no solo es fácil matarla, sino aceptar su muerte.

El código ético del Institute of Electrical and Electronics Engineers (Instituto de Ingenieros Eléctricos y Electrónicos), la asociación mundial encargada de elaborar normativas para el correcto desarrollo y uso de tecnologías en beneficio de la humanidad, prohíbe discriminar y deshumanizar a cualquier persona. En su decálogo deontológico incorpora la siguiente obligación fundamental: tratar justamente a todas las personas, sin distinción de factores como la raza, la religión, el sexo, la discapacidad, la edad o su país de origen. Está claro que un *software* consecuencionalista para vehículos autónomos contravendría claramente este principio. A pesar de que existe una ingente cantidad de literatura sobre la ética de las máquinas, se ha conseguido consensuar cinco principios básicos que serían la base sobre la que desarrollar un sistema deontológico para nuestro automóvil sin conductor (más «auto-móvil» que nunca):

1. *Beneficencia.* Toda IA debe desarrollarse para el bien común y el beneficio de la humanidad, mejorar el bienestar individual y colectivo. No tiene ningún sentido desarrollar una tecnología que no esté al servicio de este fin, mucho menos que esté abiertamente en contra.

2. *No maleficencia.* Este principio está inspirado en la que es, posiblemente, la máxima más conocida de la ética médica: *primum non nocere* ('lo primero es no hacer daño') y que nos recuerda que toda intervención sanitaria puede provocar un daño que hay que evaluar y evitar. Este es un principio preventivo que nos obliga a evitar posibles daños, tanto accidentales como deliberados. Según el principio de precaución, en caso de que una determinada tec-

nología pudiera causar daños a las personas o al medio ambiente y no existiera consenso científico al respecto, el uso de la tecnología en cuestión debería abandonarse. Este principio, además, nos impele a proteger a las personas mediante regulaciones y derechos digitales.

3. *Respeto a la autonomía y dignidad de las personas.* La autonomía, como capacidad de ser libre, decidir y autolegislarse, solo puede aplicarse a los seres humanos. Por ello, estos siempre deben conservar el poder de tomar sus propias decisiones. El humano ha de decidir si se decide. No se deben poner en manos de máquinas las elecciones que afectan a la vida o la dignidad de las personas. En situaciones así, no se puede aplicar un simple algoritmo, una mecánica fórmula matemática diseñada por encargo, sin la previa supervisión humana. Recordemos que un algoritmo es un conjunto de instrucciones definidas, ordenadas y acotadas para resolver un problema. Es decir, un algoritmo es un procedimiento pautado para conseguir un fin. A partir de una información inicial, se siguen una serie de pasos ordenados para llegar a la solución de una situación. Pero no debemos olvidar que detrás de todo algoritmo hay un ser humano que no puede eludir su responsabilidad. Por ello, este principio obliga a que siempre sea un ser humano quien tome la última decisión y dé razón de ella, llegado el caso.

4. *Justicia.* Este principio no solo obliga a distribuir equitativamente los beneficios de la IA, sino, igualmente, a eliminar todos los tipos de discriminación, estigmatizaciones y sesgos. No solo las históricas, como el machismo o el racismo, también las posibles

nuevas formas de discriminación social y brechas digitales que esta tecnología pudiera crear.

5. *Explicabilidad, transparencia y rendición de cuentas.* Según este principio, los usuarios tenemos derecho a conocer y controlar el uso de nuestros datos. Pero no solo eso, también la trazabilidad del algoritmo: quién lo ha construido, con qué fines, qué criterios usa, qué sesgos tiene, etc. Tenemos derecho a saber cómo funciona y quién es el responsable de que funcione así.

Seamos conscientes de que la relación del humano con la IA no es, aunque lo parezca a primera vista, la de un hombre y una máquina, sino una relación entre hombres *mediada* por una máquina y, por ello, un asunto ético. En abril de 2018 se celebraron elecciones municipales en un distrito de Tokio. El candidato que quedó en tercera posición fue un robot androide, Michihito Matsuda. Sus votantes apostaron por un algoritmo inmune a la corrupción, a los sesgos emocionales, al nepotismo y a los conflictos de poder. Optar por la IA suponía sustituir la ideología por un objetivo y exhaustivo análisis de datos para ofrecer a la ciudadanía las opciones más justas y equilibradas para todos. Michihito Matsuda se comprometía a encontrar la solución más eficiente a las demandas de los ciudadanos y la mejor alternativa cuando surgieran conflictos de interés. Aunque los votantes creyesen que la máquina era capaz de hacer políticas más justas que el humano, lo cierto es que detrás de Michihito se encontraban hombres de carne y hueso: Tetsuzo Matsuda, vicepresidente del proveedor de servicios móviles Softbank, y Norio Murakami, un exempleado de Google en Japón, con una ideología concreta y unos valores determinados que habrían insertado en el cerebro de silicio de su IA.

Los sistemas inteligentes, como el que conduce nuestro vehículo, pueden resolver problemas y actuar con independencia de los seres humanos, pero no son autónomos. No pueden decidir qué se debe hacer ni qué objetivos hay que perseguir. Como vimos, solo el ser humano es realmente autónomo, lo que significa que, en último término, solo él es responsable. No pretendamos cargarle el muerto a una máquina.

Hay una tercera opción, pero no te va a gustar

Es muy posible que ya se te haya pasado por la cabeza. Efectivamente, existe una tercera opción que deberías valorar: puedes programar tu vehículo para que salve la vida de otros a costa de poner en riesgo la tuya. ¿Puede alguien sentir tanta empatía con el sufrimiento de otro ser humano como para sacrificar su propia vida? Pues parece ser que sí, y Simone Weil es un testimonio, tanto intelectual como vital, de ello. El *leitmotiv* de la obra y la biografía de la filósofa francesa fue el reconocimiento de que su vida individual está ligada necesariamente al destino de todos los seres humanos. No es la racionalidad, o la tecnología, o el lenguaje, la raíz de la condición humana, sino la capacidad de empatía. Sobre esta capacidad humanizadora existe una anécdota muy difundida de la antropóloga Margaret Mead, a la que en cierta ocasión preguntaron cuál era la evidencia más antigua de la humanidad, y ella respondió: «Un fémur, un fémur curado». Ese hueso roto y sanado es el testimonio de una comunidad que se ocupó de asistir a una persona herida, que la protegió en lugar de abandonarla a su suerte. Cuidarnos unos a otros es lo que nos humaniza.

Desde niña, una etapa caracterizada por el egocentrismo, Simone Weil destacó por su capacidad de empatía, especialmente, por el sufrimiento de sus semejantes. En su más ignorante niñez, Simone Weil era ya conocedora del lazo impalpable que une a todos los seres humanos tejiendo un enorme continente. Para la filósofa, el amor por el otro está necesariamente marcado por la búsqueda de su bien y por la renuncia voluntaria a los propios deseos. A los cinco años, cuando descubrió que había niños que no tenían dinero para comprar golosinas, tomó la decisión de no volver a comerlas. Tiempo después, conmovida por la situación de miseria de los obreros, Simone Weil renunció a su acomodada clase social y a su puesto como profesora para trabajar en una fábrica y sentir, en su propio cuerpo y espíritu, el sufrimiento de los que ella siempre consideró sus hermanos. Esta experiencia de empatía radical, como ella misma reconoce, la transformó:

Tenía el alma y el cuerpo hechos pedazos; el contacto con la desgracia había matado mi juventud. Hasta entonces, no había tenido experiencia de la desdicha, salvo la mía, que, por ser mía, me parecía de escasa importancia y que no era, por otra parte, sino una desgracia a medias, puesto que era biológica y no social. Sabía muy bien que había mucha desdicha en el mundo, estaba obsesionada con ella, pero nunca la había constatado mediante un contacto prolongado. Estando en la fábrica, confundida a los ojos de todos, incluso a mis propios ojos, con la masa anónima, la desgracia de los otros entró en mi carne y en mi alma. Nada me separaba de ella, pues había olvidado realmente mi pasado y no esperaba ningún futuro, pudiendo difícilmente imaginar la posibilidad de sobrevivir a aquellas fatigas. Lo que allí sufrí me marcó de tal forma que, todavía hoy, cuando un ser humano, quienquiera que sea y en no importa qué circunstancia, me habla sin brutalidad, no puedo evitar la impresión de que debe haber un error y que el error va desgraciadamente a disiparse. He recibido para siempre la marca de la esclavitud [...] Desde entonces, me he considerado siempre una esclava.

La experiencia de la fábrica fue para Simone Weil la toma de conciencia de la desgracia humana, que es a la vez dolor físico, angustia del alma y degradación social. Vivir humanamente es amar a los seres humanos y amar es aliviar el sufrimiento de aquellos a quienes se ama. El amor, cree Simone Weil, exige el sacrificio del yo para que en el alma se deje un espacio en el que el otro pueda vivir. No hay amor sin vaciamiento. No se puede llenar un corazón atiborrado. Amar es buscar el bien del otro y esto implica el sacrificio. Pero el verdadero sacrificio solo tiene valor como donación al otro. Sacrificarse significa transformarse en un bien para el otro. Sacrificarse por ganarse el cielo no tiene ningún sentido; es tan solo un autoengaño que inflama aún más el ego, que atiborra aún más al yo de sí mismo.

El individualismo que triunfa en nuestras ciudades hace que el ser humano se sienta a sí mismo en el centro, pero en el centro de un enorme desierto en el que está solo y perdido. Simone Weil se descentra y, enarbolando la bandera de la fraternidad, se aproxima al que más sufre, llora sus lágrimas y toma conciencia de que

es una obligación eterna hacia el ser humano no dejarlo sufrir de hambre teniendo la oportunidad de asistirlo. Esta obligación que es la más evidente debe servir como modelo para hacer una lista con todos los deberes hacia el ser humano. Para establecer estrictamente esta lista debemos proceder desde el primer ejemplo por vía de la analogía.

Si la lógica actual de las relaciones humanas se basa en el contrato de unos individuos autónomos e independientes que interactúan por beneficio propio, Simone Weil las fundamenta en una lógica de la donación. La propuesta revolucionaria de la filósofa es esta: frente a la obligación, la gratuidad; frente al interés personal, el amor al prójimo; frente al egoísmo, la fraternidad; frente a lo justamente debido, el regalo gratuito. El motor principal de nuestras acciones ha de ser el amor por el que uno se da a sí mismo, de una manera incondicional, para buscar el bien del otro. Este tipo de amor puede alcanzar tal grado de intensidad como para entregar la propia vida para salvar la de otros. El 11 de marzo de 2011 Japón sufrió un seísmo de magnitud 9,0. El terremoto y posterior tsunami provocaron unos 28.000 muertos y 350.000 desplazados, así como daños en la central nuclear de Fukushima que provocaron explosiones de hidrógeno y la fusión del combustible nuclear. Trescientos voluntarios se introdujeron en la central para intentar parar un accidente nuclear de consecuencias terribles. Muchos de ellos eran trabajadores jubilados plenamente conscientes de que encaraban una misión suicida. Sabían que su exposición a la alta radiación los mataría. En Japón nadie los conoce por sus nombres, los llaman simplemente «héroes» o «samuráis».

Hubiera sido una atrocidad moral que el Gobierno nipón coaccionase a 300 ciudadanos a donar sus vidas para salvar al resto. Los héroes de Fukushima no tenían la obligación moral de hacer lo que hicieron. Nada se les podría haber recriminado si hubieran actuado de otra manera y hubieran elegido no sacrificarse por los demás. Lo que realizaron está, sin duda, más allá de lo debido (*deontos*). Pero también es cierto que cuando la heroicidad moral acontece en nuestro mundo, el universo entero resplandece con una luz que lo convierte en un lugar más bello, digno y bueno.

Tranquilícese el lector. No está obligado a ser un héroe. No es una mala persona si no se sacrifica. Nada le compele a hacer algo más allá de lo correcto. Pero debe ser consciente de que también tiene la opción de programar su vehículo para que, llegado el caso, ponga en peligro su propia vida para salvar a otro ser humano.

¿Mejorarías GENÉTICA-MENTE a tu hijo?

Giovanni Pico della Mirandola, Aldous Huxley, Nick Bostrom, Julian Savulescu, Antonio Diéguez, Jürgen Habermas, Francis Fukuyama

Hace tiempo que quieres tener un hijo con tu pareja, pero una tardía emancipación y una continuada situación de precariedad laboral lo han ido posponiendo hasta que, digámoslo así, el arroz se os ha pasado. Cuando por fin podéis, ya no podéis. No sois los suficientemente jóvenes para procrear e identificar las nuevas canas se ha convertido en una de las rutinas de baño. Afortunadamente, las técnicas de reproducción asistida no solo se han perfeccionado con gran éxito, sino que, además, están subvencionadas por un Gobierno preocupado por revertir la baja natalidad y el envejecimiento de la población. Tras valorarlo detenidamente, tomáis la firme e insensata determinación de conservar vuestro ADN, reproduciros y traer una nueva criatura a este mundo miserable.

En vuestra primera visita a la clínica de reproducción asistida conocéis a los doctores Steptoe y Edwards, los médicos que os acompañarán en el procedimiento de fertilización *in vitro*. El doctor Edwards os informa de un proceso que es seguro, eficaz, inocuo e indoloro: se extraen óvulos maduros de los ovarios de la madre y se los fecunda con el esperma del padre. Los embriones obtenidos se mantienen en cultivo para ser posteriormente implanta-

113

dos en el útero. Así de simple, sin complicaciones, sin efectos secundarios y con una altísima tasa de éxito.

Cuando los embriones ya están en el laboratorio, el doctor Steptoe os cita para una segunda entrevista que, aunque es rutinaria, os deja ojipláticos y de la que salís con serias dudas éticas. Al parecer, la biotecnología se ha desarrollado en los últimos años hasta un nivel tal que resulta sencillo y barato modificar el código genético de un embrión. Es posible introducir cambios en la línea germinal humana e incluso hacer que determinadas variaciones pasen a las generaciones futuras. Vamos, que, si queréis, podéis tener un niño transgénico y biomejorado que sea la envidia de todos los participantes en el grupo de WhatsApp del colegio y el orgullo de vuestras familias. La ingeniería genética os ofrece que vuestro hijo pueda llegar a desarrollar una gran musculatura sin necesidad de ir al gimnasio, acrecentar sus capacidades intelectuales sin gastaros una pasta en clases particulares y extraescolares, dotarlo de una esperanza de vida que traspase el umbral de los cien años, que su tipo de sangre le convierta en donante universal y un largo y perturbador etcétera.

Las pruebas realizadas al embrión que, en los próximos días, será implantado en el útero de la madre, informan de que vuestro futuro hijo será varón, tendrá un cociente intelectual medio, una complexión endomórfica con un metabolismo lento y con tendencia a engordar y desarrollará una diabetes tipo 2. Pero el doctor Steptoe os advierte de que todo esto se puede modificar y que aún estáis a tiempo de hacerlo. Tan solo debéis rellenar unos formularios que recojan vuestras voluntades y firmar el consentimiento médico.

El trayecto de la clínica hasta vuestra casa lo hacéis en absoluto silencio. Llegas confundido y exhausto de rumiar en tu cabeza todo lo ocurrido. Te sientas en el sofá, miras a tu pareja a los ojos y le lanzas la siguiente pregunta:

—¿Qué hacemos? No paro de darle vueltas al asunto. ¿Tenemos el deber de mejorar a nuestro hijo? ¿O no será más bien todo lo contrario: una inmoralidad de la que nos arrepentiremos toda la vida?

—Te entiendo. No he dejado de meditarlo desde que salimos de la clínica. Con lo del sexo no lo tengo del todo claro: me parece que cambiarlo en función de nuestro capricho no está bien. Pero, con lo demás, no sé. Imagina que, dentro de unos años, cuando él ya sea mayor nos diga: «Tuvisteis la oportunidad de darme más inteligencia, un mejor cuerpo y una buena salud y no lo hicisteis. Sois unos malos padres». ¿Qué le responderíamos?

—Pero ¿no corremos el riesgo de hacer de nuestro hijo un mero instrumento para satisfacer nuestros deseos y aspiraciones? ¿No sería eso rebajarlo y actuar en contra de su dignidad como persona?

—No te entiendo. ¿A qué te refieres? ¿Puedes ponerme un ejemplo?

—Imagina que yo siempre he soñado con tener un hijo que llegase a ser lo que yo no pude: uno de los mejores jugadores de baloncesto de la NBA.

—No me hace falta mucho esfuerzo para imaginármelo.

—Vale. Pues ahora imagina que decidimos dotarlo de la complexión y las cualidades genéticas de Scottie Pippen: más de dos metros de altura, manos enormes, brazos largos y musculosos, etc.

—Lo veo, pero no sé a dónde quieres llegar.

—Ten paciencia. Ahora mismo lo sabrás. Imagina igualmente que, pasados unos años, nuestro hijo descubre que odia el baloncesto y que su verdadera vocación es llegar a ser bailarín del Bolshói. ¿Qué nos diría?

—Ya te entiendo. Muy posiblemente nos lo echaría en cara y nos diría: «Quisisteis mejorarme y me habéis empeorado porque me habéis dado un cuerpo que no sirve para la danza clásica. Las modificaciones que hicisteis atentan contra mi dignidad humana y coartan mi libertad. Sois unos malos padres».

—¡Puf...! Tengo la sensación de que estamos como al principio y que no hacemos otra cosa más que dar vueltas sin sentido. Vale, en el ejemplo que acabas de poner creo que está claro que la modificación genética está mal, pero no estoy tan segura de que cualquier alteración del ADN sea un atentado contra la dignidad humana. No me parece que hacer que nuestro hijo tenga una mayor resistencia a las enfermedades o una mejor inteligencia sea instrumentalizarlo para que satisfaga nuestros anhelos, sino proporcionarle las cualidades necesarias para que tenga una vida más plena. No estaríamos condicionando su vida y limitando su libertad; todo lo contrario, estaríamos ampliando sus posibilidades para que luego él decida qué hacer. No veo una gran diferencia con los padres que vacunan a sus hijos, les dan cuidados médicos o les ofrecen una buena educación. ¿Acaso no están modificando su salud, su longevidad y su inteligencia? ¿No es su deber moral hacerlo? ¿No actúa mal aquel padre que pudiendo llevar al dentista a su hijo, no lo hace? ¿O que pudiendo pagarle unas clases para reforzar su bajo nivel de inglés, no las paga? ¿O que pudiendo curar una enfermedad crónica como la diabetes decide no someterlo al tratamiento? ¿Y qué nos impide hacer lo mismo por medio de un «atajo genético»? ¿Dónde está la diferencia?

—Puf...

Mi niño será tan feo como su padre, pero es tan digno como el tuyo

Está claro que tú quieres que se respete la dignidad de tu hijo desde la fase embrionaria, lo que no está tan claro es qué queremos decir con el concepto *dignidad*. Así pues, definámoslo antes de nada. La idea de dignidad aparece esbozada en algunas escuelas de la Antigüedad, especialmente el estoicismo. Para los pensadores estoicos el humano es el único ser que posee un alma racional similar a la que gobierna el universo. El alma de un esclavo, de un rey o de un bárbaro tienen la misma nobleza, valen exactamente lo mismo, es decir, poseen la misma dignidad. La razón nos une a todos los seres humanos y es el bien mejor repartido en el mundo. Esta idea, aunque pueda parecernos obvia, fue muy novedosa y disruptiva, ya que el mundo heleno distinguía y separaba en niveles muy desiguales al griego del bárbaro. En cambio, para el estoicismo, antes que griego, persa o medo, somos miembros de una misma y única humanidad, y, en tanto que humanos, somos todos iguales.

Ahora bien, aunque los estoicos esbozaron la idea de dignidad, tenemos que viajar hasta el Renacimiento italiano para encontrarla definida con precisión, especialmente en los escritos de Giovanni Pico della Mirandola. Este filósofo nació en la Italia del Renacimiento y, pese a su corta existencia, treinta y dos años, se convirtió en uno de los principales representantes del humanismo y en modelo de lo que se llamó el «hombre nuevo», aquel ser hecho a sí mismo que aspiraba a gozar de esta vida a través del conocimiento y la libertad. Viajó por toda Europa, estudió en las más importantes universidades y entró en contacto con las nuevas corrientes de pensamiento que reclamaban el valor especial del ser humano. Se le conoce bajo el título de «príncipe de la concordia» por su esfuerzo por aunar, en beneficio de la humanidad, los diversos saberes, culturas, religiones e ideologías. Sus últimos años los pasó en Florencia bajo la protección de Lorenzo de Médici. La Inquisición quería meterle mano por esparcir tanta idea nueva. Desde que el papa lo declaró hereje, su integridad corría peligro fuera de Florencia. Muchos han sido los que han especulado con su repentina muerte y la han achacado a los tentáculos del Vaticano. *Se non è vero, è ben trovato* ('Si no es verdad, está bien encontrado'), porque lo cierto es que el análisis realizado sobre huesos y tejidos momificados demostró que en los restos del filósofo existían niveles potencialmente letales de arsénico. Lo que nos lleva a concluir que, mucho antes de que las tías de Mortimer Brewster (interpretado por Cary Grant) usasen los metales pesados para mandar a gente desdichada a una mejor vida en *Arsénico por compasión*, la película de Frank Capra de 1944, el Vaticano ya usaba este tipo de piedad.

El *Discurso sobre la dignidad del hombre*, escrito en 1486, fue la obra más divulgada de Pico della Mirandola. Fue compuesta inicialmente para preparar una disputa que nunca llegó a celebrarse porque el papa Inocencio VIII encontró contrarias a la doctrina cristiana algunas de sus 900 tesis. Quién necesita debatir y contraponer argumentos cuando puedes cancelar y condenar. Nada nuevo bajo el sol. Como se podrá observar, la cultura de la cancelación no es un fenómeno nuevo; solo han cambiado los protagonistas y los escenarios. Ahora los autos de fe tienen lugar en las redes sociales. El texto de Pico della Mirandola pinta con detalle la nueva imagen del hombre forjada durante el Renacimiento: gran milagro y animal admirable, ser racional, libre y fin en sí mismo. Pero ¿cuál es la causa última de su grandeza? ¿Por qué nada en el universo iguala su valor? ¿Cuál es el fundamento de su dignidad? La respuesta la encontramos en este bellísimo fragmento en el que el mismo Creador, enamorado de la criatura que acaba de concebir, le confiesa:

> No te he dado ni rostro ni lugar alguno que sea propiamente tuyo ni tampoco ningún don que te sea particular, ¡oh, Adán!, con el fin de que tu rostro, tu lugar y tus dones seas tú quien los desee, los conquiste y de ese modo los poseas por ti mismo. La naturaleza encierra a otras especies dentro de unas leyes por mí establecidas. Pero tú, a quien nada limita, por tu propio arbitrio, entre cuyas manos yo te he entregado, te defines a ti mismo. Te coloqué en medio del mundo para que pudieras contemplar mejor lo que el mundo contiene. No te he hecho ni celeste ni terrestre ni mortal ni inmortal, a fin de que tú mismo libremente, a la manera de un buen pintor o de un hábil escultor, remates tu propia forma.

La dignidad del humano reside en que es el único ser de la creación dotado con la libertad para hacerse a sí mismo. Es muy posible que Pico della Mirandola se inspirase en un famoso pasaje de las *Enéadas* de Plotino que sirvió como referencia para muchos artistas y con el que se nos invita a contemplarnos como el escultor que debe crear una estatua hermosa. Nuestra tarea es quitar, cincelar, pulir y limpiar hasta que aparece el bello rostro de la estatua. Del mismo modo también cada uno de nosotros debe quitar todo cuanto sea superfluo y enderezar lo torcido, purificando lo siniestro para convertirlo en brillante, sin dejar de esculpir su propia estatua hasta que reluzca en nosotros la claridad divina de la virtud. El creador dejó todo en la naturaleza perfecto (del latín *perfectum*, que significa 'completamente hecho y acabado', 'sin falla'). En cambio, el caso del ser humano es bien diferente. Es como si el mismo Dios, cuando aún estábamos a medio hacer, nos hubiese entregado el cincel y el martillo, y hubiese dicho: «Querido hijo: termínate tú, culmina la obra, haz contigo lo que quieras». No es difícil hacerse una idea de por qué al papa Inocencio VIII tanta libertad le daba grima.

Para Pico della Mirandola, el ser humano, al no poseer una naturaleza fija y predeterminada, es el amo de su destino y el capitán de su alma. Pero la libertad no es un fin en sí mismo, sino un instrumento para su proceso de autorrealización y el despliegue de todas sus potencialidades. Somos libres para llegar a ser lo que somos. La majestuosidad del hombre reside en su autonomía y, por ello, cualquier acción que atente contra su libertad también pone en peligro su dignidad. Respetar la dignidad de un ser humano no es nada más, y nada menos, que respetar su autonomía. Así que la pregunta que debemos resolver es esta: ¿atenta el mejoramiento genético contra la autonomía del ser humano?

¿Un mundo feliz?

En 1932, el escritor y filósofo británico Aldous Huxley respondió a la pregunta de si es ético mejorar la condición de una persona antes de su nacimiento imaginando una sociedad futura en la que se manipula genéticamente a las personas para que puedan adaptarse perfectamente a su posición social. El mundo imaginado por Huxley puede parecer una utopía: cada individuo es feliz en el lugar que se le ha asignado desde antes de su nacimiento, la guerra y la pobreza han sido erradicadas, el desarrollo tecnológico hace la vida de todos placentera y confortable, etc. Sin embargo, la paradoja es que esta felicidad se ha conseguido a costa de la destrucción de la libertad, entraña de la naturaleza humana y base que sostiene su dignidad. Huxley ideó una sociedad cientificista en la que los seres humanos son creados en laboratorios y nacen por y para la sociedad. Si el Estado necesita cien médicos que reemplacen a los que se jubilarán dentro de treinta años, pues se fabrican embriones con las aptitudes necesarias para ser los mejores médicos y se los programa para que deseen serlo. El individuo es feliz y el colectivo también. Esto parece un *win-win* en toda regla y, sin embargo, hay algo que no cuadra, que asusta, que huele a podrido. El mundo más feliz para el ser humano parece ser irónicamente el más inhumano, porque mejorar al hombre supone destruirlo.

Huxley alucinaría si diese hoy una vuelta por Silicon Valley, meca de los transhumanistas. Si el humanismo que defendía Pico della Mirandola pretendía mejorar al ser humano por medio de la educación y la cultura, el transhumanismo busca el mismo objetivo por medio de las nuevas tecnologías: la biotecnología, la biónica (la integración de la tecnología en nuestro cuerpo) y la IA. Las mejoras obtenidas mediante la aplicación de la técnica al ser humano podrían mejorarnos tanto física, mental, como moralmente y, además, si nos lo propusiéramos en serio, podríamos dirigir la evolución natural a nuestra voluntad. El ser humano sería más fuerte; más inmune a enfermedades; más longevo, incluso podría aspirar a una vida indefinida; dispondría de nuevas capacidades perceptivas y cognitivas; desarrollaría su inteligencia; tendría un mayor control sobre sus pasiones, pulsiones e instintos; controlaría su estado emocional; sería mucho más empático, prudente y juicioso, etc. Las mejoras alcanzarían tal calado que el transhumano sería no solo un humano mejorado tecnológicamente, sino un ser en transición hacia una nueva especie. Si el humano es una evolución natural del homínido, el poshumano sería una evolución artificial del *Homo sapiens sapiens*.

Los transhumanistas creen que la era de lo humano está llegando a su fin. El calentamiento global y la falta de recursos son dos ejemplos que manifiestan que, a largo plazo, terminaremos por extinguirnos. La vida humana en nuestro planeta tiene límites naturales. No hay duda de que nuestra especie desaparecerá en algún momento. En nuestro planeta nada permanece eternamente. Lo que importa es conservar nuestra humanidad, no nuestra especie. Y la única salida para ello es usar nuestra tecnología para traspasar esos límites, deshacernos de los lastres del cuerpo biológico: la enfermedad, el dolor, el envejecimiento y la muerte. Podríamos incluso, creen algunos, volcar nuestras mentes en máquinas; abandonar nuestro soporte natural de carbono para existir en uno artificial de silicio. Curiosamente, los transhumanistas se apoyan en el *Discurso sobre la dignidad del hombre* para defender su propuesta: si la dignidad humana, afirmaba Pico della Mirandola, se basa en nuestra capacidad autocreadora, llevémosla hasta sus últimas consecuencias. La tecnología puede ser el instrumento definitivo para que el humano llegue a ser absolutamente dueño de su destino e incluso tenga poder sobre la misma muerte. Todos deberíamos tener la oportunidad de crecer más allá de los límites que nos ha impuesto la naturaleza. Alcanzar la felicidad plena exige superar los obstáculos biológicos que la impiden y, según el filósofo transhumanista Nick Bostrom, lo que necesitamos para realizar este sueño es:

Que los medios tecnológicos necesarios para aventurarse en el espacio poshumano estén disponibles para aquellos que deseen usarlos, y que la sociedad se organice de tal manera que tales exploraciones puedan llevarse a cabo sin causar daños inaceptables al tejido social y sin imponer riesgos existenciales.

El sueño transhumanista, sea una realidad futurible o un mero sueño, nos plantea una inevitable pregunta: ¿es un deber moral construir seres humanos superiores?

¿Jugamos a ser Dios?

Julian Savulescu es médico, filósofo, un influyente profesor de Ética Práctica y director del prestigioso Oxford Uehiro Centre for Practical Ethics (Centro Uehiro de Ética Práctica de la Universidad de Oxford). En 2003, gracias a un generoso mecenazgo del empresario japonés Eiji Uehiro, la Universidad de Oxford creó este centro por el que han pasado multitud de investigadores de todo el mundo para discutir problemas éticos actuales, especialmente los que están surgiendo en el campo de la medicina, la biotecnología, la IA, la toma de decisiones políticas y en multitud de aspectos de la vida cotidiana del ciudadano de hoy. A la ética práctica no le interesa en absoluto formular alambicadas teorías morales o principios éticos abstractos, sino resolver problemas específicos concretos que la vida real, subrayamos lo de real, nos plantea. Por decirlo claramente, a la ética práctica se la traen al pairo discusiones sobre tranvías desbocados o sobre el significado del concepto de justicia. Porque, mientras algunos filósofos pierden el tiempo discutiendo cuántos ángeles caben en un alfiler, el mundo real nos enfrenta cada día a situaciones que necesitan de una orientación ética e información científica para tomar decisiones acertadas que mejoren la vida de todos.

Julian Savulescu se doctoró en Filosofía de la mano de Peter Singer y, como su director de tesis, no tiene pelos en la lengua y siembra polémica allá donde va. Sobre el embarazoso asunto que nos ocupa, Savulescu desarrolló el controvertido principio de beneficencia procreativa, con el que más o menos viene a decirnos que no solo es que no deberías tener ningún reparo moral con jugar a ser Dios, sino que tienes la obligación moral de hacerlo. En palabras del propio Savulescu:

> Si las parejas (o reproductores individuales) deciden tener un hijo, y la selección es posible, existe una razón moral significativa para elegir a aquel de cuya vida se puede esperar, en función de la información disponible más relevante, una vida mejor, o al menos no peor, de la que tendría cualquier otro.

Según este principio, si nos deshacemos de nuestros prejuicios religiosos o ideológicos, y nos atenemos solo a razones, resulta evidente que los padres tienen la obligación moral de utilizar las técnicas de reproducción humana y de manipulación genética para traer al mundo al niño más feliz posible. Y no solo por la felicidad del niño, o la de los padres, sino por el bienestar de todos. Imaginemos, por ejemplo, que los padres de Hitler o de Charles Manson hubieran tenido a su alcance una tecnología que les hubiese permitido diagnosticar antes del nacimiento la psicopatía de su hijo y, además, corregirla, mejorando las habilidades necesarias para el comportamiento moral, como la empatía.

Es muy importante, recalca Savulescu, que, al analizar estos casos, nos desprendamos de todos los prejuicios morales, especialmente religiosos, que nos han inculcado desde pequeños y que ya no sirven para orientarnos en las modernas sociedades plurales, democráticas y liberales. La moral religiosa, trasnochada y sin fundamento racional no puede ser una restricción al desarrollo de esta prometeica medicina de las causas, no de los síntomas. Tengamos en cuenta que dejarlo todo en manos de Dios nos ha conducido a permitir aberraciones morales. Recordemos los casos de padres fundamentalistas que se niegan a que la medicina humana trate el cáncer de sus hijos porque, según las normas de su tribu, deben «dejarlo todo en manos de Dios». Seamos francos: cuando curamos un cáncer ya estamos jugando a ser Dios porque alteramos el curso natural de la vida. Jugar a ser Dios, es decir, conocer las leyes de la vida y manipularlas a nuestro favor, ha ayudado a la gente a mejorar sus vidas.

El único límite que Savulescu encuentra a esta eugenesia es que todas las modificaciones que se lleven a cabo se hagan siempre en beneficio del embrión y se excluyan aquellas que solo atienden al capricho de los padres. No sería aceptable, por ejemplo, que unos padres modificasen la raza o el color de ojos del embrión si estas alteraciones no van a suponer ninguna ventaja para que su futuro hijo tenga una vida más plena. Pero si estuviera en nuestras manos mejorar la vida de nuestro retoño, ofreciéndole más y mejores posibilidades, fortaleciendo su autonomía, evitando enfermedades, ampliando su esperanza de vida o mejorando sus habilidades de aprendizaje, y no lo hacemos por miedo a «jugar a ser Dios», entonces, estaremos cometiendo una inmoralidad. Pongamos por caso que tuviésemos la información, por un diagnóstico genético preimplantacional, de que el embrión que será nuestro hijo se convertirá de adulto en un pedófilo y que, aun pudiendo, no hacemos nada por corregirlo. Es probable que, ya mayor, nos dijese: «Pudisteis salvarme de sufrir este tormento. Pudisteis darme una orientación sexual que no hiciese de mi vida un infierno. Y no lo hicisteis. Vuestro miedo a ser dioses os ha convertido en unos pobres diablos. Sois responsables del daño que me habéis causado».

En conclusión, según el principio de beneficencia procreativa, si te liberas de tus prejuicios y piensas racionalmente, deberías elegir aquel embrión con menor predisposición a encontrarse obstáculos para cumplir sus intereses o deseos futuros. Y es responsabilidad tuya porque, dado que están a tu disposición las tecnologías necesarias para obtener la información genética de tus descendientes —a través de las pruebas de diagnóstico preimplantacional y la selección de embriones—, no servirte de tales tecnologías te convertiría, según Savulescu, en responsable de los futuros males de tu hijo que tengan relación, sobre todo, con genes patológicos. La selección de embriones es, por tanto, moralmente obligatoria.

Algunos han cuestionado el principio de beneficencia procreativa por considerarlo una eugenesia inaceptable, similar a la que se practicó en la antigua Esparta o en la Alemania nazi. La eugenesia (del griego *eu* ['bueno'] y *guénos* ['origen', 'parentesco', 'nacimiento']) consiste en la reproducción humana selectiva con el objetivo de crear personas con unos rasgos determinados. La idea de mejorar la raza humana viene de lejos: ya Platón planteaba en su obra *La República* la necesidad de mecanismos de selección artificial en los recién nacidos para mejorar la sociedad. En la antigua Esparta, fábrica social de los mejores guerreros, el niño al nacer era examinado por una comisión de ancianos en el Pórtico para determinar si estaba sano y bien formado. En caso contrario se le consideraba una boca inútil y una carga inaceptable para la ciudad. En consecuencia, se le conducía al Apótetas, lugar de abandono, al pie del monte Taigeto, donde se le arrojaba a un barranco. El nazismo hizo de la eugenesia el punto principal de su programa político: trabajaron para lograr un pueblo ario con superioridad genética destinado a regir el mundo. Todas aquellas razas e individuos que fueron considerados inferiores tenían prohibido mezclar sus genes con la raza pura alemana. Llegándose incluso a exterminar a los no aptos para destinar los recursos a los mejores. En Estados Unidos, a finales del siglo XIX, se prohibieron los matrimonios con «un imbécil o débil mental» y se esterilizaron a unas 60.000 personas. Y, como último ejemplo, en España, Antonio Vallejo-Nágera fue el ideólogo de las «depuraciones» llevadas a cabo por el franquismo. Estas son algunas de las conclusiones del Josef Mengele español:

> La idea de las íntimas relaciones entre marxismo e inferioridad mental ya la habíamos expuesto anteriormente en otros trabajos. La comprobación de nuestras hipótesis tiene enorme trascendencia político-social, pues si militan en el marxismo de preferencia psicópatas antisociales, como es nuestra idea, la segregación de estos sujetos desde la infancia podría liberar a la sociedad de plaga tan terrible.

¿Promueve el principio de beneficencia procreativa aberraciones morales como esta? En absoluto, y por ello sus defensores diferencian dos tipos de eugenesia: la totalitaria y la liberal. La primera es a la que corresponden los ejemplos que acabamos de exponer y consistiría en una práctica que no parte del deseo de un ser humano por mejorarse a sí mismo en algún aspecto físico, cognitivo o incluso moral, sino del deseo de quienes ostentan el poder. Quienes son sometidos a este tipo de eugenesia lo hacen en contra de su voluntad y, por supuesto, sin su consentimiento. El transhumanismo rechaza de plano este modelo y, en cambio, defiende una eugenesia liberal que puede definirse como una práctica que parte del deseo voluntario de un ser humano por mejorarse a sí mismo en algún aspecto físico o cognitivo. Según Nick Bostrom, el transhumanismo sería un tipo de eugenesia liberal en la medida en que no coacciona a seres humanos como sí lo hace la eugenesia totalitaria. El filósofo español experto en transhumanismo, Antonio Diéguez, la define como un «supermercado genético» que

> proporcionaría una libertad mucho más amplia a los padres para que decidieran sobre los rasgos fenotípicos de su descendencia, de modo que no solo puedan evitar la aparición de defectos físicos o de enfermedades, sino también potenciar las características de esos descendientes, o incluso introducir otras nuevas que nunca habrían pertenecido a nuestra especie.

La diferencia fundamental de este tipo de eugenesia es que la decisión última de los rasgos vendría dictada por los intereses y deseos de los padres, sin estar sujetos a ninguna imposición estatal, ya sea esta totalitaria (como en el caso del nazismo) o democrática (el caso de Estados Unidos). Sería, por tanto, una eugenesia basada en la libre elección de los individuos y no en los ideales raciales de un Gobierno. El principio de beneficencia procreativa permite que los padres elijan qué hijo quieren tener y prohíbe que cualquier otro determine quién debe nacer y quién no.

Los filósofos Jürgen Habermas y Francis Fukuyama tienen poco en común. El primero es uno de los pensadores más influyentes de la izquierda europea, mientras que el segundo proviene de la tradición conservadora estadounidense. Pero hay algo en lo que sí están de acuerdo: en su crítica al transhumanismo en general y al principio de beneficencia procreativa en particular. Ambos pensadores advierten de que la transformación significativa de la naturaleza del ser humano pone en grave peligro su dignidad, ya que esta tiene como base precisamente su naturaleza. Nuestra *Declaración Universal de los Derechos Humanos*, en su artículo 1, reza: «Todos los seres humanos nacen libres e iguales en dignidad y derechos y, dotados como están de razón y conciencia, deben comportarse fraternalmente los unos con los otros», y la *Declaración Universal sobre el Genoma Humano y los Derechos Humanos* de la Unesco, redactada en 1997, reconoce que «el genoma humano es la base de la unidad fundamental de todos los miembros de la familia humana y del reconocimiento de su dignidad y diversidad intrínsecas. En sentido simbólico, el genoma humano es el patrimonio de la humanidad». Tocar el ADN de un ser humano es, por tanto, tocar su dignidad. Y si los seres humanos, como individuos, poseemos dignidad, también la ha de tener la especie humana en su conjunto. Esto último significaría que tenemos la obligación moral de conservar nuestro ADN, y que no deberían permitirse aquellas modificaciones genéticas que ponen en riesgo la supervivencia de nuestra especie. Es más: ¿qué ocurrirá cuando unos seres nazcan con capacidades muy superiores al resto? ¿Cómo se relacionarían los poshumanos con los humanos? ¿Nos vería el poshumano como nosotros vemos a las especies inferiores? Habermas y Fukuyama preconizan que tanto la manipulación técnica del cuerpo como las intervenciones genéticas orientadas a la mejora de este acabarán debilitando las relaciones de igualdad y de respeto entre los hombres. Escribe Habermas:

> Urge preguntarse si la tecnificación de la naturaleza humana modificará la autocomprensión ética de la especie de manera que ya no podamos vernos como seres vivos éticamente libres y moralmente iguales, orientados a normas y razones.

Como ya vimos en el #FiloReto_1, la capacidad moral es la que define y distingue al ser humano. Somos autores de nuestra propia vida, seres que están más allá del instinto y que tienen el poder de actuar libre y responsablemente. Nos reconocemos mutuamente y formamos una comunidad con el resto de los seres que tienen esta misma capacidad. Pero, apunta Habermas, las intervenciones eugenésicas menoscaban nuestra libertad. Con el biomejoramiento dejamos de ser autores de nuestra propia obra para convertirnos en el producto de terceros; dejamos de ser sujetos para rebajarnos a la condición de sujetados; somos lo que otros han planeado que seamos. Las intervenciones en el ADN del embrión que no tienen como fin evitar una enfermedad grave, sino que atienden a las preferencias de los padres, instrumentalizan a un ser humano, lo degradan desde su condición de fin en sí mismo a la de mero medio, lo cosifican. No es oro todo lo que reluce: las supuestas mejoras se revelan como una merma significativa de la libertad y la dignidad humanas. Cuando el embrión biomejorado sea un adulto tendrá menoscabada su libertad para elegir un proyecto de vida que ya ha sido determinado por los padres antes del nacimiento. En este sentido, puede ayudarnos para la reflexión la controvertida película *La naranja mecánica,* dirigida por Stanley Kubrick en 1971. La película está basada en la novela homónima del escritor británico Anthony Burgess, cuyo título deriva de la vieja expresión *cockney* «*as queer as a clockwork orange*», que podría traducirse como «tan raro como una naranja mecánica», y hace referencia al resultado de eliminar el libre albedrío en el ser humano. Un hombre sin la capacidad para elegir entre el bien y el mal, programado para escoger siempre de una determinada manera, sería tan raro como una naranja mecánica. Porque como afirma con contundencia el sacerdote de la película: «Cuando un hombre no tiene elección, deja de ser un hombre».

Se corre además el riesgo de que ese «supermercado biológico» se convierta en un instrumento para que los padres realicen en sus hijos modificaciones absurdas y perjudiciales que les dificulten llevar una vida razonablemente buena. Imaginemos esta tecnología en manos de unos padres idiotas. Afortunadamente hemos inventado la educación pública y obligatoria para salvar a los hijos de las estupideces de sus padres. Pero ¿cómo corregir las aberraciones causadas por un mercado de bebés a la carta? Imaginemos que unos padres desean engendrar una sirena, un elfo o un cíclope.

Por último, es necesario preguntarnos por los efectos sociales y políticos del programa transhumanista: ¿quién tendría derecho a estas mejoras? ¿Qué consecuencias tendría sobre la sanidad y las pensiones públicas? ¿Cómo alteraría la longevidad a la identidad personal y a las relaciones sociales y familiares? ¿Qué consecuencias tendría sobre el medio ambiente? ¿Quién debería controlar todos estos avances tecnológicos? ¿Cómo y quién establecería los criterios para determinar qué modificaciones del genoma son aceptables? ¿Quién financiaría esta tecnología? ¿Aumentaría la brecha social entre aquellos que podrían permitirse estas mejoras y aquellos que no? ¿Cómo afectaría a la meritocracia? ¿Cómo se garantizaría un acceso universal, justo y equitativo a estas tecnologías? ¿Quién sería responsable en caso de efectos secundarios no deseados?

LA TERCERA VÍA: EL DERECHO A UN FUTURO ABIERTO

Si aún no lo tienes del todo claro y te debates entre la posición de Savulescu o la de Habermas y Fukuyama, has de saber que existe una tercera vía. Antonio Diéguez reconoce que pueden darse casos en los que los temores de Habermas y Fukuyama se harían realidad, pero eso no implica que toda alteración de nuestro ADN sea una inmoralidad. Cierto es que hay modificaciones que limitarían a tu futuro hijo para que desarrollase determinadas profesiones o aficiones, pero hay otras que no le cerrarían puertas, más bien se las abrirían. Aumentar su inteligencia y su empatía o fortalecer su salud le abrirán un abanico mucho más grande de posibilidades vitales para que él elija qué es lo que desea hacer. Este tipo de intervenciones en su ADN no limitan su libertad de elección, todo lo contrario, la amplían considerablemente. Si le aumentas el cociente intelectual a tu hijo, no estás forzándolo a elegir el día de mañana una profesión intelectual; nada le impide, pongamos por caso, ser horticultor o ceramista. Lo que haces es agrandar considerablemente el catálogo de profesiones a las que podrá dedicarse y salvaguardar lo que el filósofo Joel Feinberg llamó «el derecho a un futuro abierto». Para este filósofo estadounidense, los padres tienen la responsabilidad de ayudar a sus hijos para que puedan adoptar en el futuro sus propias decisiones y tener capacidad suficiente para elegir entre los distintos planes de vida que existen en la sociedad. Si tú, como padre, no respetas el «derecho a un futuro abierto» de tu hijo, cuando este alcance la madurez comprobará que ciertas opciones no van a estar disponibles para él. En este sentido, Antonio Diéguez, a mitad de camino entre Savulescu y Habermas, considera que solo deberías renunciar al tipo de modificación genética que suponga la instrumentalización de tu hijo, pero que no hay razón para no hacerlo en los casos que le abren opciones vitales y potencian sus posibilidades de elección, porque:

> No hay una diferencia significativa que afecte a la postulada dignidad de la persona entre, pongamos por caso, la acción de unos padres que tienen un hijo con un determinado nivel de inteligencia y quieren aumentarlo proporcionándole la mejor educación posible y la acción de unos padres que (en un hipotético futuro en que esto pudiera hacerse sin riesgo) decidan que el embrión de su hijo sea manipulado genéticamente para tener una mayor inteligencia de la que habría tenido por mero azar genético.

En definitiva, la principal tarea de un padre es hacer todo lo que esté en su mano para que su hijo pueda tener una vida feliz. Pero ¿qué tipo de vida es esta? ¿Qué narices es la felicidad? Si quieres saberlo, pasa la página.

¿QUÉ VIDA

ESCOGERÍAS

SI VOLVIERAS A

NACER?

Pierre Hadot, Sócrates, Platón, Aristóteles, Aristipo, Epicuro, Kant

En las últimas páginas de *La República*, Platón narra la curiosa historia de Er, un guerrero armenio que volvió del mundo de los muertos para ser testigo de lo que había visto y oído. Cuando encontraron el cadáver de Er, diez días después de que hubiese caído en batalla, todos se sorprendieron de que no tuviese ningún signo de putrefacción. Aunque el cuerpo de Er parecía más fresco que una lubina recién pescada, los sagrados ritos funerarios mandaban hacer lo que había que hacer, que, en este caso, era incinerarlo en una pira. Cuando estaban a punto de encender el fuego, Er se levantó y entonó aquella canción de Peret: «No estaba muerto. Estaba de parranda». El escándalo debió ser monumental, no tanto por lo insólito de un guerrero armenio cantando rumba catalana, como por la resurrección. Cuando la cosa se calmó, los compañeros de armas invitaron a Er a un buen trago de vino y le rogaron que les describiese, con sumo detalle, su viaje por el reino de Hades. Er les contó que cuando su alma abandonó su cuerpo se embarcó en la barca de Caronte y, al cruzar la laguna Estigia, se puso en camino junto a las otras almas por los territorios del inframundo hasta llegar a un extraño lugar: una planicie con dos enormes agujeros en el suelo y otro par de similares medidas en el cielo. Entre estos túneles aguardaban, sentados en unas ennegrecidas cátedras de ébano y azabache, los jueces del inframundo, los tres reyes: Minos, Éaco y Radamantis, para juzgar el corazón de las almas que allí acudían. Una vez que los tres jueces emitían su juicio, se escribía el veredicto con tinta indeleble sobre un letrero y se colgaba sobre el cuello del ajusticiado. La sentencia era cumplida inmediatamente: las almas justas ascendían por los conductos superiores, mientras que las injustas se precipitaban por los túneles inferiores. Cuando Er se acercó, Radamantis lo miró con sus cuencas vacías inflamadas en fuego eterno directamente a sus mortales ojos y con voz oscura le dijo:

¡Oh, Er, armenio, de la tribu pánfila! Has sido elegido para volver a la tierra que te vio nacer y ser testigo entre los mortales de todo lo que vas a ver y oír, a fin de que conduzcan sus cortas y miserables vidas con mayor prudencia.

Er tomó nota y observó cómo por una de las aberturas del suelo subían almas llenas de mugre y polvo que parecían volver de un largo viaje; y cómo, al llegar, se saludaban las unas a las otras y se felicitaban porque sus odiseas hubiesen terminado. A su vez, por los boquetes del cielo descendían almas que no paraban de relatar las maravillas que habían contemplado y lo mucho que habían disfrutado de su viaje. Las de la tierra preguntaban a las otras por cómo era el cielo, mientras que estas hacían lo mismo con aquellas. Siete días pasaban en aquel prado, descansando y contándose las unas a las otras las historias de sus vidas. Al octavo, se pusieron de nuevo en marcha hasta que llegaron a un lugar en el que divisaron una enorme columna de luz que descendía desde los confines del cielo. Cuando Er preguntó qué era aquella maravilla, los que junto a él estaban respondieron que sus ojos contemplaban el eje del universo sobre el que giran las esferas celestes. Un día más de camino les tomó llegar hacia la columna de luz donde se encontraron con las tres parcas, hijas de la Noche, tejiendo en su rueda el destino de los hombres con un hilo dorado que simbolizaba sus existencias. Cloto hilaba la hebra, Láquesis asignaba la duración del tiempo de vida y Átropos la cortaba cuando decidía que había llegado el momento de la muerte.

Una vez que los hombres llegaron a los pies del trono de las tres hermanas, un profeta los condujo hasta la presencia de Láquesis, quien puso sobre el suelo un catálogo de todas las vidas posibles y les dijo:

¡Yo, Láquesis, hija de la Necesidad, os convoco, almas efímeras que hoy comenzáis un nuevo ciclo vital! Ningún destino os escogerá, sino que seréis vosotros quienes escogeréis un destino. Que cada uno elija el modo de vida, al cual quedará necesariamente asociado. No culpéis más a las tres hermanas de vuestras desgracias; la responsabilidad es a partir de ahora de quien elige.

Seguidamente el profeta hizo un sorteo para determinar el orden en que las almas debían escoger y fue mostrando a los presentes los diferentes modelos de vida. Las había de todas las clases: *influencer*, CEO de una gran empresa, político, tertuliano, maestro de primaria, viticultor, futbolista, vagabundo, reportero de guerra, narcotraficante, heredero de una gran fortuna, pastor de cabras, mochilero, amo de casa, padre de familia, sacerdote protestante, enfermera de uci, filósofo (sea lo que sea esto), pirata informático, trabajadora sexual, chef, cantante de *Operación Triunfo*, militar, etc. Había vidas más urbanas o más rurales, más excitantes o más anodinas, más libres o más seguras, más famosas o más anónimas, más confortables o más aventureras, más rutinarias o más novedosas, más solitarias o más sociables, más individualistas o más comunitarias, con más y con menos cosas, con más y con menos problemas. El profeta advirtió de que no deberíamos dar por supuesto que las vidas de las personas que admiramos son deseables para nosotros. Téngase en cuenta, por ejemplo, que Aquiles, después de elegir una vida breve pero gloriosa, en los Campos Elíseos, se arrepintió de su decisión y confesó su equívoco con estas terribles palabras: «Preferiría ser el más pobre y sucio de los rudos campesinos que se revuelcan en los estercoleros sobre la tierra, que el gran rey Aquiles».

Así que, cuando nos toque nuestro turno, conviene no precipitarse y estudiar con calma todas las opciones. Téngase además en cuenta que, según Er, existe incluso la posibilidad de elegir la vida de un animal; premisa, por cierto, de la película *Langosta* de 2015 dirigida por Yorgos Lanthimos, que narra la historia de un hombre que, tras ser abandonado por su mujer, es confinado en un hotel al que van a parar los solteros. Ahí dispondrá de cuarenta y cinco días para encontrar pareja, y en caso de no encontrarla será transformado en un animal de su elección. El protagonista elige ser una langosta antes que vivir en pareja. Estas son las tres razones de su aparente irracional decisión: primera, él ama el mar; segunda, las langostas son animales muy fértiles que pasan la mayor parte de sus vidas reproduciéndose, y tercera, son muy longevas, viven más de cien años. La irónica paradoja es que nada le asegura que no termine siendo pescado igualmente.

Langostas aparte, lo cierto es que el más grave error y el mayor de los aciertos lo jugamos en esta elección: el estilo de vida por el que apostamos. Por este motivo, concluye Platón, se deben desatender los otros estudios y preocuparse al máximo solo de este, para investigar y conocer lo valioso de lo perjudicial, y elegir siempre y en todas partes lo mejor, en tanto que nos sea posible. Tenemos que estudiar detenidamente si la riqueza, la fama, el confort o la belleza hacen bien o mal, si pueden estar mezcladas, y en qué medida, con la pobreza, la vulgaridad o la dificultad; de modo que podamos escoger *razonando* el mejor modo de vida.

La ciencia de la buena vida

No es baladí que el origen de la ética lo encontremos deambulando por las calles de Atenas en el siglo v a. C. En pocos periodos de la historia de Occidente los seres humanos se han sentido más perdidos que el Barco del Arroz, aquel navío que zarpó de Argentina, cargadito de cereal, con destino Cádiz y que, al perder el norte, nunca llegó a puerto. Algunas malas lenguas cuentan que los gaditanos tenían tanta hambre durante la posguerra que se quedaron con el arroz y con el barco. También los atenienses perdieron su norte por aquel entonces y sintieron la urgente necesidad de encontrar una orientación para sus vidas. Cuando su interpretación religiosa del mundo chocó con los escollos de la naciente ciencia, la afilada sombra de la duda comenzó a resquebrajar la solidez de las certezas sobre las que habían construido sus existencias. Pero, además, los atenienses viajaron tanto y conocieron tal diversidad de culturas que, lógicamente, terminaron por cuestionar la suya propia. Y fue al naufragar las convicciones más cotidianas, aquellas que se presuponen, cuando surgió un Sócrates que formuló por vez primera estas preguntas: ¿cuál es la mejor forma de vida para un hombre? ¿Cómo vivir una vida feliz? ¿Qué no se debe hacer para no malograr la vida? ¿Qué hacer para ganarla? ¿Cómo llegar a ser verdaderamente humano? ¿Cómo alcanzar una vida plena?; en definitiva, ¿qué es la felicidad? Al intentar responderlas racionalmente, absteniéndose de los prejuicios heredados por la tradición en la que uno ha tenido la suerte o la desgracia de nacer, surgió la ética. Nadie antes de Sócrates había puesto tanto empeño en examinar la vida. De acá para allá, por mercados, plazas, olivares, gimnasios, templos, callejuelas, tabernas, jardines, puertos, casas pudientes y menesterosas, juzgados, asambleas de ciudadanos, talleres de artesanos, prostíbulos, murallas o cuarteles, fue Sócrates estudiando el modo en que vivían sus conciudadanos.

La pregunta socrática por la vida buena fue el tema central de la reflexión ética, hasta que, como veremos, Kant la despreció como un asunto privado sin interés científico alguno y la sustituyó por la de ¿qué debo hacer? Pero le pese a quien le pese, lo cierto es que la filosofía en la Antigüedad era sobre todo una ciencia del buen vivir comprometida con cualquier asunto de la existencia humana, por vulgar o prosaico que este fuese. La ontología, la lógica o la física eran solo ciencias secundarias al servicio del arte de vivir.

En el bellísimo estudio *¿Qué es la filosofía antigua?*, Pierre Hadot explica con detalle cómo, en sus orígenes, la *philosophia* era más una elección de vida que un discurso teórico o un sistema de conocimientos. Pero tal y como se expone hoy en las aulas, uno tiende a pensar que el afán de los filósofos antiguos era el de explicar racionalmente el universo. Esto es un error. La filosofía era una opción existencial, un cierto estilo de vida con el que uno se comprometía. Se era estoico, epicúreo o cínico porque se vivía a la manera estoica, epicúrea o cínica; cosa que, además, se hacía no de forma individual, sino dentro de una comunidad o una escuela que existían con anterioridad. La teoría, el discurso filosófico, el análisis del concepto, el diálogo académico o el estudio sistemático de disciplinas como la lógica o la física eran ejercicios al servicio del modo de vida elegido. Y es que la sabiduría que busca el filósofo es la de cómo vivir. Todo lo demás, desde el conocimiento del movimiento de los cielos hasta la estructura de los argumentos válidos, le interesa en tanto que le disponen a vivir mejor. El pensamiento de un filósofo solo puede entenderse tomando como contexto su elección de vida. No podemos separar el discurso de Sócrates de la vida y la muerte de Sócrates.

SÓCRATES: NO HABRÁ PAZ PARA LOS MALVADOS

Para Sócrates una vida buena es una vida justa. El ser humano no está llamado a sobrevivir a cualquier precio, sino a vivir dignamente. La vida no es un valor supremo, y la injusticia corrompe nuestra dignidad en tal grado que es preferible morir antes que convertirse en un ser despreciable a los ojos de la propia conciencia. El que se gana la vida de forma injusta, realmente la está perdiendo.

Sócrates enseñó todo esto no dictando cursos, escribiendo libros o adoctrinando, sino con su manera de vivir y, también, de morir. Así lo describe Plutarco:

> La mayoría imagina que la filosofía consiste en discutir desde lo alto de una cátedra y profesar cursos sobre textos. Pero lo que no llega a comprender esa gente es la filosofía ininterrumpida que vemos ejercer cada día de manera perfectamente igual a sí misma. Sócrates no hacía disponer gradas para los auditores, no se sentaba en una cátedra profe-

soral; no tenía horario fijo para discutir o pasearse con sus discípulos. Pero a veces, bromeando con ellos o bebiendo o yendo a la guerra o al Ágora con ellos, y por último yendo a la prisión y bebiendo el veneno, filosofó. Fue el primero en mostrar que, en todo tiempo y en todo lugar, en todo lo que nos sucede y en todo lo que hacemos, la vida cotidiana da la posibilidad de filosofar.

Filosofar es vivir dignamente y la dignidad, nos enseñó Sócrates, es aquello que hace preferible perder la vida que el modo en que esta se vive. La filosofía socrática consiste en cultivar la virtud para poder transcender una existencia meramente animal. La virtud es la fuerza que nos conduce a la realización plena y gozosa de nuestro ser. Por ella, como cantaba Píndaro, llegamos a ser quienes somos y alcanzamos la felicidad. Para Sócrates la felicidad es *eudaimonía*: la mejor vida que puede vivir un ser humano, despliegue de todo su potencial, bella realización de su naturaleza. En este género de vida no hay lugar para la injusticia. Pero el día a día nos enfrenta a situaciones en las que no está claro qué es lo justo o lo digno y lo injusto o lo indigno. Hay ocasiones en que el sentido común, las normas establecidas o la moral recibida o no nos dan suficiente orientación o, incluso, pueden conducirnos a cometer una terrible injusticia. Sócrates estaba convencido de que la capacidad del hombre virtuoso para acertar con la conducta adecuada es un tipo de conocimiento que cualquier hijo de vecino puede adquirir, si se ejercita, claro está. Pero esta sabiduría nada tiene que ver con la aplicación de un código normativo a una situación concreta, sino con la práctica del discernimiento, un arte parecido al de la medicina, ya que de lo que se trata es de saber diagnosticar el caso particular; o, como afirmaba Píndaro, «saber hacer lo que conviene en el instante presente». La medicina griega antigua era más profiláctica que terapéutica y se basaba en el principio de que prevenir es mejor que curar. La salud se entendía como un estado de equilibrio de los diferentes líquidos del cuerpo que se alcanza a través de una dieta específica para cada individuo. Un mismo alimento puede ser fármaco o veneno dependiendo de la situación. La pericia del médico consiste en determinar qué es lo que conviene para cada uno en cada uno de los diferentes contextos. La enfermedad es entendida como una negligencia cuya causa es la ignorancia. Nadie enferma voluntariamente; estamos programados por naturaleza para conservar nuestra salud. El enfermo es un inconsciente que, a causa de confundir lo que le hace mal con lo que le hace bien, ha terminado corrompiendo el bienestar de su cuerpo. Sócrates entiende la justicia como un estado de salud del alma que se alcanza, y se mantiene, a través de un continuo examen de la propia vida; y la injusticia como una enfermedad que nace de la incompetencia para discernir la conducta virtuosa.

Para Sócrates, la vida ética, una vida dedicada a ser buena persona, es la existencia más humana, más digna y más bella. Pero, de igual manera que uno solo se convierte en un buen médico cuando es un médico sabio, solo se puede llegar a ser buena gente a través del saber moral. La única diferencia de la ética con la medicina es que no hay maestro, escuela de formación ni manual que lo enseñe, y menos aún canal de YouTube. El conocimiento moral solo se obtiene por medio de la autorreflexión, del examen de la propia vida y en diálogo con los demás. Nunca se adquiere del todo y solo finaliza cuando uno acaba la propia vida.

Platón fue uno de los jóvenes atenienses que quedaron conmocionados por el estilo de vida de Sócrates, hasta el punto en que el mismo día que lo conoció, abandonó su carrera como escritor de tragedias, quemó todas sus obras y se dedicó a seguir a su maestro de vida. Unos siete u ocho años permanecieron juntos, hasta que Sócrates fue condenado a muerte. Platón se convirtió en evangelista del tábano de Atenas. Sus diálogos, obras divulgativas, son un instrumento de reforma moral del ciudadano para impedir que injusticias como la que le arrebató la vida a su amigo, el más bueno y justo de todos los hombres, vuelvan a repetirse.

La adoración de Platón por su maestro no fue impedimento para que discrepase de él y desarrollase su propia teoría sobre la vida buena. Según Platón, esta no puede reducirse a una existencia dedicada exclusivamente a la búsqueda de la sabiduría moral. Para alcanzar la *eudaimonía* hace falta otro ingrediente del que Sócrates apenas habló: el placer. El ser humano ni es pura animalidad ni es pura inteligencia; no somos ni cerdos ni ángeles. La vida buena debe ser, por tanto, una vida mixta de placer y sabiduría; de goce y de virtud. La cuestión, y el problema ético más complejo, es cómo combinar armoniosamente ambos ingredientes. Los cócteles más difíciles de preparar, aquellos con los que se prueba la maestría de un barman, son los que se hacen, como el Dry Martini, con un par de ingredientes. El *Dry Martini* es un «cuchillo licuado» que se elabora con ginebra seca y vermú blanco. Dos personas pueden usar exactamente los mismos licores, y una de ellas conseguir un combinado armónico, equilibrado y exquisito, mientras que la otra solo alcanza a fabricar mediocridad líquida o un mejunje intragable.

La clave, tanto para un buen cóctel como para una buena vida, está en la proporción de la mezcla. Platón no conocía el Dry Martini, pero sí el hidromiel, una de las bebidas alcohólicas más apreciadas por los griegos, a menudo referida como el «néctar de los dioses» y la «bebida del amor». Por cierto, sobre ella existe una curiosa anécdota: las parejas griegas tenían la costumbre de consumir hidromiel durante la primera lunación posterior a la boda para, según la creencia, incrementar la probabilidad de engendrar un hijo varón. De ahí nuestra «luna de miel». Algo de cierto hay en esta ancestral técnica eugenésica, ya que el nivel de azúcar en sangre altera el pH y la alcalinidad o acidez del cuerpo femenino puede influir sobre el sexo del nuevo ser.

El bueno de Platón compartió la receta de su cóctel de la felicidad en el *Filebo*, con la intención, quizá, de que todas las lunas de sus lectores fuesen lunas de miel. Los interlocutores de este diálogo nos detallan cuáles son los ingredientes que deben sazonar una buena vida: la moderación, la proporción, la belleza, la perfección, la eficacia, el entendimiento, la sabiduría, las ciencias, las artes, las opiniones correctas y, por último, pero no menos importante, los placeres puros exentos de dolor. Por tanto, si uno desea alcanzar la felicidad, lo primero que ha de hacer es cultivar con amor y paciencia estos ingredientes en el huerto de su existencia. Ahora bien, no basta con poseer estos componentes. Es necesario conocer cómo han de mezclarse y en qué proporción. En cierta ocasión, unos comensales le rogaron a un prestigioso cocinero que compartiese la receta del marinado que había usado para cocinar un exquisito pato. El cocinero, amablemente, les apuntó la lista de los ingredientes de su marinada. Cuando uno de los clientes le preguntó en qué proporción tenía que mezclar aquellos ingredientes, el cocinero sonrió socarronamente y le dijo que si les daba esa información podían quitarle su trabajo. Afortunadamente Platón no tenía miedo a perder su trabajo y compartió su secreto con nosotros. Volviendo al símil del hidromiel, el filósofo compara la sabiduría con una fuente de agua y el placer con una fuente de miel, y nos dice que si queremos obtener una bebida grata al paladar es necesario ir mezclando el agua y la miel hasta alcanzar una armonía de sabores. Igualmente, para obtener el bien supremo en nuestras vidas, se ha de saber mezclar en justa proporción la sabiduría y placer. Ahora bien, ¿cómo se aprende a mezclar estos bienes en nuestras vidas? ¿Qué entrenamiento se ha de practicar? Platón, en su respuesta, se declara fiel discípulo de su maestro: con la práctica constante de la virtud.

En *La República*, Platón nos define la virtud como un estado de buena forma que se alcanza, y se destruye, no con el simple conocimiento teórico, sino con el ejercicio constante. La virtud es una salud del alma que, como la del cuerpo, se mantiene cuando cada parte cumple adecuadamente su función. La enfermedad, por el contrario, es un desajuste y una disfunción de alguno de los elementos que afecta a todo el organismo. La persona feliz, la persona virtuosa y la persona que cuida de su alma son la misma. Por tanto, es en el terreno del alma donde nos jugamos la felicidad. Los recursos materiales, el placer, la belleza o la inteligencia solo son bienes si se ponen al servicio del bien supremo: la salud de nuestra alma. Una persona que padece una enfermedad del alma como la incontinencia, la falta de voluntad o de moderación no solo no sabrá cómo disfrutar de la riqueza y cómo ponerla al servicio de su propio bienestar, sino que su impericia transformará ese bien en un mal que le hará enfermar aún más. En manos del alcohólico, el mejor de los vinos es veneno; como en manos del narcisista,ególatra e idiota, el dinero es un catalizador de estas carencias del espíritu. Y para mantener una buena salud espiritual se ha de ejercitar el alma con la misma constancia con la que los que se ocupan de su forma física entrenan el cuerpo. Si deseamos una vida saludable, debiéramos incorporar el ejercicio espiritual como la mayoría hace con el físico. Así, gozaremos de una buena salud si entrenamos nuestra razón en la sabiduría (no entendida como erudición o saber enciclopédico, sino como conocimiento de lo que es realmente bueno y valioso para un ser humano) y en la prudencia (no entendida como recato, sino como reflexión y buen juicio, como conocimiento de lo que debe hacerse en cada circunstancia para que nuestra acción sea virtuosa); nuestro mundo emocional en la valentía y la fortaleza, y nuestros apetitos y deseos en la templanza o la moderación.

El hombre virtuoso, sano y feliz es un hombre sabio, prudente, valiente y moderado que, además de poseer estas virtudes, sabe cómo debe armonizarlas en cada contexto. Así, por ejemplo, una vida dedicada a la sabiduría, pero que no cuida de las otras partes del alma, no habrá alcanzado el sumo bien. Sería algo así como un cuerpo que solo ha entrenado un grupo muscular. ¿De qué sirve saber lo que debe hacerse si no se tiene el coraje para llevarlo a cabo? ¿Cómo saber cuándo o cómo se debe actuar con miedo? ¿Cuál es la justa indignación que se ha de sentir ante los diferentes géneros de injusticia? ¿Cómo aprender a atemperar un placer para disfrutarlo al máximo y que el gozo se transforme en energía que agrande y fortalezca el espíritu? Este es el quid de la cuestión: solo se aprende a ajustar bien las partes del alma con la práctica de la filosofía. Platón gustaba en definir este arte como un diálogo entre amigos que buscan cazar la verdad; otros la definimos como un pensar la vida y vivir el pensamiento. Aunque, en esencia, ambas definiciones son idénticas y apuntan a cumplir con la advertencia socrática: una vida que no se examina, no merece ser vivida. No hay vida más plenamente humana que la vida filosófica. Si la medicina, ciencia del cuerpo, puede prescribirnos la dieta y el régimen de vida adecuados para la salud de nuestro organismo, la filosofía, ciencia del alma, puede prescribirnos los conocimientos y los ejercicios necesarios para que nuestro espíritu sea virtuoso. Solo el examen filosófico de la vida puede esclarecer cuáles son los valores supremos que han de guiar la existencia de un ser humano. Este tipo de ética no trata sobre qué es lo que debemos hacer, sino sobre cómo debemos ser.

Aristóteles: cómo aprender a florecer, aunque uno no sea un geranio

Aristóteles dedicó varios seminarios a estudiar de manera sistemática el problema de la felicidad con sus compañeros del Liceo. Aquellos cursos fueron recogidos en la *Ética a Nicómaco*. El título de la obra no debe llevarnos a confusión: no es cierta la historia que circula por internet de que el filósofo macedónico le dedicó este tratado sobre la felicidad a su hijo, Nicómaco, puesto que lo que, supuestamente, todo padre quiere es la dicha de su vástago. Y no es cierta, más que nada, porque la costumbre de dedicar obras es posterior a la época de Aristóteles. Si el filósofo conociera la cantidad de citas e historias falsas que la gente le atribuye y divulga, es probable que hubiera ocupado su tiempo en algo más placentero.

En sus cursos de ética, Aristóteles aborda el asunto desde un punto de vista mucho más pragmático que el de su maestro, Platón, y el maestro de su maestro, Sócrates: conocer no me hace ni feliz ni bueno. Nadie, tras concluir un concienzudo diálogo sobre qué es la valentía y ser capaz de definir su esencia, es ni más ni menos valiente. Por eso, es poco plausible que los encargados de la instrucción de los geos, el cuerpo de élite de la Policía Nacional, coincidan en este asunto con Platón y abandonen su durísimo entrenamiento por unas clases magistrales sobre el valor, el honor o el sacrificio. Como veremos, para Aristóteles la felicidad tiene más que ver con adquirir un buen carácter mediante una determinada práctica que con un conocimiento. Por otro lado, seguro que al joven Aristóteles, la propuesta platónica de dedicarse a la quieta contemplación de las ideas eternas como la más dichosa de todas las vidas debió parecerle un peñazo insoportable. El filósofo macedonio deshizo el camino andado por su maestro para volver a preguntarse qué es la felicidad. Y, en sus primeras pesquisas, concluye afirmando lo que no es la felicidad. Según Aristóteles, no deberíamos identificar la felicidad con el descanso, la diversión, el placer, el honor o la riqueza, puesto que ninguno de estos bienes cumple las tres condiciones del bien supremo que andamos buscando:

1. *Completo*, es decir, perseguirse por sí mismo y no como medio para alcanzar otro de naturaleza superior.
2. *Autosuficiente*, es decir, un tipo de bien que, por sí solo, convierte la vida en deseable y sin carencia, haciendo que quien lo posee se sienta pleno, completo y no necesite nada más.

3. *Universal*, es decir, un bien propio a la naturaleza humana y, por tanto, válido para cualquiera de nosotros sin importar tiempo o lugar, género o clase social.

La *eudaimonía* es para Aristóteles el único bien que cumple las tres condiciones. Podemos traducir esta palabra griega como «florecimiento». Aristóteles no aplicaba el concepto de felicidad a momentos circunstanciales o a instantes fugaces, como hacemos hoy, sino a la totalidad de la vida. De tal manera, que solo las naturalezas humanas que despliegan su potencial pueden ser llamadas «dichosas». Aristóteles estaba convencido de que, al igual que existe un modo de cultivar un manzano para que este florezca y dé fruto de acuerdo con su naturaleza, también ha de existir un determinado modo de cultivar a un ser humano que lo desarrolle en plenitud y le permita alcanzar su *eudaimonía*. Si la horticultura es la ciencia que investiga cómo hacer crecer un manzano, la ética es la equivalente para un ser humano. La ética aristotélica enseña que la virtud es la única fuerza que desarrolla nuestra naturaleza. Por tanto, la mejor vida es aquella dedicada a la constante práctica de la virtud, porque con la salud del alma sucede como con la del cuerpo: no basta con ejercitarse hasta alcanzar un buen estado de forma, es necesario hacerlo durante toda la vida para mantenerlo. La idea aristotélica de felicidad tiene que ver con lograr y conservar el mejor estado de forma de nuestra humanidad.

Tener una noción clara y cierta de lo que es la felicidad nos coloca ya en el camino para conseguirla, y esta es la razón por la cual Aristóteles compara al hombre que posee una idea acertada de la *eudaimonía* con un arquero que, habiendo localizado el blanco, ya se encuentra en condiciones de abatirlo. En su *Ética a Nicómaco*, nos señala el objetivo hacia el que debemos tensar nuestras existencias con la deducción que sigue:

1. Todo ser posee una función específica a su naturaleza. Los ojos sirven para ver, el cometido del pájaro es volar y el del zapatero es fabricar calzado; la fotosíntesis es una actividad propia de las plantas, como aprobar normas lo es del legislador.
2. Cuando un ser realiza plenamente su función específica lo consideramos bueno en su especie.
3. El ser humano ha de tener una función específica a su naturaleza.
4. Aquel individuo que desempeñe correctamente la función específica del ser humano debe ser considerado un hombre bueno.
5. La función específica del ser humano no puede ser ninguna de las que comparte con otros seres; como la nutrición y el crecimiento, que comparte con las plantas, o la vida sensitiva, que comparte con los animales. Una vida dedicada a perfeccionarse en el comer, el dormir y el fornicar podrá ser una perfecta vida de cerdo, pero no humana.
6. La razón es la función propia del ser humano que lo distingue del resto de seres.
7. La dignidad de la vida humana reside en el uso de la razón. Solo aquel que hace un buen uso de su razón debe ser considerado un buen hombre.
8. Con lo cual, podemos concluir que *la felicidad es una actividad que perfecciona nuestra naturaleza de seres racionales.*

Según la psicología aristotélica son dos las partes del alma humana capaces de manifestar racionalidad: la razón propiamente dicha, cuya función principal es el conocimiento; y la parte irracional, donde residen las pasiones y los apetitos, que, aunque de naturaleza irreflexiva, puede llegar a exhibir racionalidad cuando es gobernada por la razón. Cuando el bien sensible no coincide con el bien inteligible, la parte apetitiva de nuestra alma puede someterse o no a lo que la razón le ordena. Es fácil comprobar cómo, a veces, lo que quiere el apetito entra en contradicción con lo que quiere la razón. Este es el caso del pobre Leoncio, un vecino de Atenas incapaz de seguir el sendero de la recta razón, que, subiendo del puerto del Pireo por la parte exterior del muro norte de la ciudad, se topó con unos cadáveres que estaban tirados por tierra al lado del verdugo. Comenzó entonces a sentir un morboso deseo de verlos, pero al mismo tiempo le repugnaba la inclinación y la reprimía; y así estuvo luchando y cubriéndose el rostro hasta que, vencido de su apetencia, abrió enteramente los ojos y, corriendo hacia los muertos, dijo: «¡Ahí los tenéis, malditos, saciaos del hermoso espectáculo!». Pero, en otros casos, el apetito es capaz de llegar a ser racional, como cuando el deportista lo dirige ingiriendo el alimento suficiente y necesario para estar en forma, se sienta saciado o no.

Puesto que dos son las partes de la naturaleza humana capaces de manifestar racionalidad, Aristóteles deduce que también han de ser dos las virtudes propias del ser humano: unas intelectuales, como la sabiduría y la prudencia, que perfeccionan nuestra inteligencia; y otras morales, como el valor o la generosidad, que mejoran nuestro carácter. Así, el hombre bueno (y feliz) es un ser capaz de conocer y actuar racionalmente.

Las investigaciones que llevó a cabo Aristóteles en su seminario dejan en claro que la felicidad ni es un regalo de los dioses ni causa de la buena fortuna, sino una actividad que se aprende y se ejercita. La virtud no es innata;

nacemos humanos, pero no nacemos humanos virtuosos. Llegamos a este mundo como la semilla, con la capacidad natural para germinar, prosperar y alcanzar la floración. Pues bien, es mediante el estudio como se aprenden las virtudes intelectuales y mediante el hábito como se ejercitan las virtudes morales.

Como los que asistieron al seminario ya sabían estudiar bien, Aristóteles centró el curso de las investigaciones en cómo perfeccionar nuestro carácter. La virtud moral es, para Aristóteles, un hábito de sentir y actuar de manera excelente. Pero no es un hábito irreflexivo, no es un patrón de conducta que se reproduce inconscientemente, sino reflexivo, ya que para actuar virtuosamente se debe saber juzgar cuál es la respuesta correcta para cada situación con la que nos vamos topando.

La virtud no es innata, a diferencia de las cualidades heredadas de nuestro carácter, sino que brota como fruto de un ejercicio constante, de igual manera que se adquiere el dominio de un arte. Por ello, la generosidad, la valentía o la justicia se consiguen con el mismo procedimiento con el que asimilamos una determinada técnica: a través de la práctica constante. Aristóteles compara la formación de buenos hábitos con el aprendizaje de un instrumento musical y concluye que la educación moral debe ser prioritaria e iniciarse cuanto antes, para evitar que los jóvenes desarrollen vicios, que, *a posteriori*, serán muy costosos de corregir, porque el vicio, como la virtud, también es un hábito que, a fuerza de repetición, se arraiga en el alma. Por eso, no basta con conocer lo que es la virtud, es necesario practicarla.

Aristóteles identifica la conducta virtuosa con la conducta moderada y al hombre virtuoso con el hombre prudente. Si en toda acción humana se puede distinguir un exceso, un defecto y un término medio, la virtud debe ser un medio entre dos vicios, uno por exceso y otro por defecto. Lo que diferencia a la virtud del vicio es que esta nos sitúa siempre en un término medio, moderando tanto nuestras acciones como nuestros sentimientos. Cada una de las diferentes virtudes atempera racionalmente un sentimiento o un apetito: cuando se trata de dar o recibir dinero, el término medio es la generosidad; cuando se trata de placeres y dolores, el término medio es la templanza. El hombre virtuoso sabe identificar la emoción exacta o el justo deseo que modera nuestra la conducta. La virtud no consiste en suprimir emociones como el placer o el dolor, sino en moldearlas según la forma correcta. Debemos aprender a sentir placer de la manera que conviene y en el momento que conviene. Un hombre virtuoso no es un ser angélico ni una piedra insensible, sino alguien que, por ejemplo, se permite la ira, aunque sabiendo exactamente cuándo, con quién y en qué medida. Cualquiera puede enfadarse, eso es algo bien sencillo que no reporta ninguna virtud, pero enfadarse con la persona adecuada, en el grado exacto, en el momento oportuno, con el propósito justo y del modo correcto, eso, ciertamente, es una excelencia de carácter que solo se adquiere con la experiencia.

El término medio no debe entenderse como una proporción matemática. La equidistancia ética es diferente en cada persona y en cada circunstancia. Es más, en ocasiones, como es el caso de la valentía, el término medio está más cerca de un extremo que de otro: el valiente se parece más al temerario que al cobarde; es peor pecar de gallina que de imprudente. La virtud no es una pauta de comportamiento universal porque, como advierte Aristóteles, el término medio es relativo a nosotros y, por ello, la persona virtuosa es la persona prudente, la que tiene buen juicio, la que posee el conocimiento racional práctico para sopesar las circunstancias y deliberar qué se debe hacer en cada caso. El más dichoso es aquel que delibera con rectitud sobre lo que es bueno y conveniente para sí mismo en su crecimiento como ser humano. La prudencia es la auténtica sabiduría porque supone un conocimiento de los auténticos fines de la vida humana y de los medios adecuados para alcanzarlos, de los verdaderos bienes, de lo que es valioso y bueno de verdad. Esta es una sabiduría práctica que nace de la experiencia y la reflexión constante y que nos ilumina sobre el sentido que deben llevar nuestras vidas para alcanzar la *eudaimonía*. Por ello, concluye el filósofo macedónico, solo el prudente puede ser llamado, en honor a la virtud, «feliz».

En cuanto al debate sobre el mejor género de vida, es famosa la decidida apuesta de Aristóteles por la filosófica. En el libro que cierra la *Ética a Nicómaco,* se afirma que, aunque son variados los tipos de vida en los que podemos llegar a saborear la dulce miel de la felicidad, si a Aristóteles le dan a elegir, entre todas las vidas, no escogería, como Sabina, la del pirata cojo con pata de palo, con parche en el ojo, con cara de malo, sino la del filósofo. Pero esta afirmación no debe llevarnos a engaño, porque Aristóteles no está exaltando la existencia del profesor de filosofía, ni la del académico o la del científico, sino la vida racional. No todos los hombres escriben libros de filosofía o imparten cursos sobre pensamiento, pero todos, por el mero hecho de ser hombres, son genuinamente filósofos sin poder evitarlo, ya que todos usamos la razón para interpretar la realidad con la que nos enfrentamos a diario, encontrarle un sentido y actuar en consecuencia. Por eso algunos acudimos a los libros de filosofía: para conocer lo que otros pensaron sobre la misma realidad que nos ha tocado vivir. Así, como afirma Javier Gomá, un buen libro de filosofía no debe tener otra función más que hacer más sutil, sabia, gozosa, digna y bella la interpretación que la gente hace de sus existencias. Todo ser racional, por el mero hecho de serlo, hace uso de su razón como su manera peculiar de instalarse en el cosmos. Aristóteles se refiere a esta actividad racional como teorética o contemplativa, y la identifica tanto con la felicidad perfecta como con el fin último de la vida de un ser humano. La razón es necesaria para actuar virtuosamente puesto que es la facultad con la que identificamos la virtud. La vida filosófica es una vida de deliberación sobre el bien y se opone cardinalmente a la vida irreflexiva. Aristóteles elude, en varias ocasiones, concretar el género de vida: ¿una centrada en la familia o en el trabajo? ¿Una de fuerte militancia política o de compromisos puntuales? ¿Una en la que asuman cargos de responsabilidad o que renuncie a ellos? ¿Qué profesión es la más indicada? ¿Más o menos urbana, más o menos rural? ¿Con hijos o sin ellos, con pareja o sin ella? Sobre esto, Aristóteles no dice ni pío, y no porque no tenga una opinión, sino porque considera que es irrelevante para la felicidad, ya que la virtud se puede ejercitar en diferentes tipos de vida. La clave está, insiste el astuto filósofo, en no vivir irreflexivamente, como aquellos que son esclavos de un deseo irracional o aquellos que orientan sus vidas hacia fines que no han deliberado, ni elegido. Da igual lo que hagamos, lo que importa realmente es que nuestras acciones sean un bien en sí mismas.

Por último, hay que señalar que, para Aristóteles, la razón no se tiene, sino que se usa, y para usarla se necesita una comunidad de seres racionales. Por tanto, la felicidad no es un asunto individual, sino comunitario. Por eso, el filósofo vuelve a abordar el problema de la *eudaimonía* en sus estudios de política y advierte de que, dada la naturaleza política del ser humano, no hay plenitud fuera de la comunidad de ciudadanos. Retirarse de la vida comunitaria es marchitarse como ser humano. Solo las bestias y los dioses pueden vivir al margen de la sociedad. Por ello, la política es condición necesaria para una vida plena. Ahora bien, por política no se debe entender lo que hacen los que hoy llamamos políticos, sino algo muchísimo más amplio: la participación en una actividad colectiva que tiene como fin solucionar asuntos colectivos. Su contraria es la acción privada, cuyo efecto solo recae sobre el individuo. Hay que ser muy idiota (también en su sentido etimológico: aquel que no se ocupa de los asuntos públicos) para privatizar la felicidad. La virtud no se puede practicar si no es dentro, en referencia y al servicio de una comunidad. Mi bien como individuo en nada difiere del bien de aquellos otros con los que conformo una sociedad (del latín *socius*, 'compañero', 'aliado').

LOS AMIGOS DEL PLACER

En la sabiduría clásica existe otra tradición de filósofos que no buscaron la felicidad en los escarpados caminos que conducen a la virtud, sino en las apacibles sendas que transitan junto al placer. Uno de estos fue Aristipo de Cirene, un díscolo discípulo de Sócrates que no practicó las enseñanzas del maestro. Prefirió disfrutar de la buena mesa que el rey de Siracusa le ofrecía a abrazar la austeridad de vida que le proponía Sócrates. Rechazó el ideal socrático de una vida fundamentada en la razón porque, para Aristipo, la razón, aunque es un bien, no es el bien supremo, sino solo un instrumento de cálculo para discernir la mayor suma posible de placer que ofrece el instante presente. El bien supremo y el fin de la existencia humana, proclama Aristipo, es el placer.

No hay forma humana de establecer verdades absolutas. La razón es incapaz de justificar afirmaciones válidas para todo hombre, en cualquier tiempo y lugar. No existe lo objetivamente verdadero y no es posible admitir una verdad común a todos los sujetos. Lo que es bueno para uno puede ser malo para otro: un pan recién salido de un horno de leña es un manjar para algunos y veneno para el celíaco. La racionalidad es incapaz de determinar *a priori* si algo es bueno o malo. Por tanto, a quien deberíamos escuchar es a nuestro cuerpo, ya que el único criterio de verdad son las sensaciones que él ofrece. La verdad se encuentra en las afecciones de las cosas en nuestro organismo, pero no en las cosas mismas. Y, en consecuencia, debemos admitir el placer como medida de todo lo bueno y el dolor como medida de todo lo malo.

Esta posición ética es conocida como «hedonismo» (del griego *hedoné*, 'placer', 'gozo', 'voluptuosidad') y considera que el valor moral de la acción lo determina la consecución del placer. El dolor, en cualquiera de sus formas, ya sea físico o espiritual, ya sea como carencia o como malestar, ya sea como esfuerzo o como sufrimiento, será siempre considerado un mal. Las fuerzas naturales de nuestro instinto nos impelen a rechazar el dolor. ¿Qué sentido tiene sufrir cuando la vida nos ofrece un vastísimo catálogo de placeres? Lo esencial para Aristipo es saber disfrutar del momento presente sin ocupar la mente con el pasado, en una yerma nostalgia, ni con el futuro, en una dolorosa ansiedad. Saber cómo gozar es la auténtica sabiduría y, por ello, Aristipo consideraba que la ignorancia es mucho peor que la mendicidad. El que poco tiene, si sabe cómo disfrutar, podrá deleitarse con lo que tiene y mucho más con lo que se le regale; pero el que no sabe cómo gozar, aunque nade en la abundancia, como el mercader de Venecia, tendrá una vida miserable, sufrirá y hará sufrir a otros.

Existen, según Aristipo, tres estados de nuestro cuerpo: uno estático y dos dinámicos. El primero de ellos alude a una situación de quietud e indiferencia, como la que experimentamos cuando no tenemos hambre, sed, ni preocupaciones que nos alteren el ánimo. Este estado indoloro no es verdadero goce, como la ausencia de placer tampoco puede entenderse como un dolor. No tener apetito no es comparable a deleitarse con unos suculentos manjares, ni disponer de recursos para una buena mesa es similar a romperse una pierna. El auténtico placer debe ser dinámico (hoy diríamos que ha de provocar un «subidón»), nacer como consecuencia de unas determinadas sensaciones en nuestro organismo y tener comienzo y final. Placer y dolor son dos tipos de vientos de nuestro cuerpo: una suave brisa de verano o una galerna invernal súbita y violenta. La felicidad no es un estado permanente, sino pasajero, que necesita estar siendo continuamente avivado. Solo hay posibilidad de felicidad en el instante presente. Los placeres y dolores pasados y futuros son meros fantasmas. Tan estúpido es ocuparse de un pasado que ya no existe, como de un futuro que no sabemos si existirá. El hedonismo de Aristipo es una sabiduría del instante puro que hace del *carpe diem* su imperativo moral. Horacio lo explicó en el siguiente poema:

No pretendas saber, pues no está permitido,
el fin que a ti y a mí, Leucónoe,
nos tienen asignados los dioses,
ni consultes los números babilónicos.
Mejor será aceptar lo que venga,
ya sean muchos los inviernos que Júpiter
te conceda, o sea este el último,

el que ahora hace que el mar Tirreno
rompa contra los opuestos escollos.
Sé prudente, filtra el vino
y adapta al breve espacio de tu vida
una esperanza larga.
Mientras hablamos, huye el tiempo envidioso.
Vive el día de hoy. Captúralo.
No te fíes del incierto mañana.

Aristipo no solo dedicó su vida a reflexionar sobre el placer, sino que, sobre todo, lo persiguió y disfrutó. Algunos, cuando piensan en los filósofos, se imaginan a hombres extraños, serios y aburridos; se equivocan. Aristipo es uno de esos filósofos que cantan, bailan, comen, beben, aman y dan igual valor a la biblioteca y a la bodega. Una de las anécdotas que mejor ilustran su regla de vida es aquella que cuenta el escándalo que se formó cuando lo pillaron entrando en casa de una prostituta. La respuesta de Aristipo fue: «No es malo entrar, lo malo es no saber salir». Es decir, no hay ningún crimen en gozar de un placer. Toda moral que condena el disfrute de los demás es hipocresía y resentimiento. Quien condena el placer de otro lo hace porque él no sabe, no puede o no se atreve a gozar. Ningún placer es malo en sí; lo malo es esclavizarse a ellos. Gocemos de nuestro cuerpo y nuestra alma, pero con conciencia y autonomía. Disfrutemos de un placer solo si hemos adquirido la capacidad de dominarlo. Pero si, como al ludópata o al alcohólico, es el placer quien nos domina, debemos rechazarlo. El juego o el alcohol no son en sí malos, lo es la dependencia que genera sufrimiento.

No hay grados en el placer: no hay unos más valiosos que otros. Los gozos espirituales no son placeres en el sentido estricto del término porque estos son un asunto del cuerpo. Por eso, afirma Aristipo, cuando el Estado castiga, no se contenta con insultarnos o deshonrarnos, lo hace siempre con algo que implica dolor físico. No son las normas morales las que deben juzgar el placer, sino el placer quien debe juzgar a estas. El sabio se distingue por su libertad con respecto a las convenciones sociales sobre lo bueno y lo malo. Lo que Aristipo enseña con la anécdota del prostíbulo es que son preferibles las caricias de una prostituta a los vítores de la Asamblea o los aplausos de la Academia. Su máxima hedonista se puede sintetizar en estas palabras del filósofo francés Nicolas Chamfort: «Goza y haz gozar, sin hacerte daño ni hacer daño a los demás».

A diferencia de Aristipo, Epicuro vivió un hedonismo sencillo, tranquilo y alejado del lujo. Identificó la felicidad con una condición permanente de paz y tranquilidad, un tono del ánimo en el que «nada me turba, nada me espanta». Este filósofo nacido en la isla de griega de Samos no tuvo muy buena suerte: pertenecía a una familia pobre y tuvo mala salud toda la vida. Padeció una enfermedad intestinal crónica que hizo que muchos días no pudiese mantenerse en pie y necesitara de una silla de ruedas para trasladarse. Aunque bien podría haber estado resentido con la vida, nos enseñó cómo un hombre puede ser feliz en el dolor. Su interés por la filosofía comenzó muy joven, a los catorce años, cuando su maestro fue incapaz de responder a una pregunta suya sobre los mitos del origen del cosmos. Esta anécdota ya nos desvela la actitud filosófica de Epicuro: crítica, escéptica y materialista. Se inició en la filosofía con un tal Nausífanes de Teos. Su relación se rompió bruscamente. Epicuro se despidió de él con aspavientos e insultándole a la cara. Llamó a su maestro «molusco», «bribón» y «prostituta» por la decepción que le provocaba su incongruencia entre pensamiento y vida. La filosofía, para Epicuro, no puede ser un juego intelectual sin consecuencias reales para la existencia; debe guiarnos hacia la felicidad o, al menos, aliviar el sufrimiento. La filosofía solo interesa como medio para vivir bien y ser felices; ha de ser una medicina del alma que, si no cura, de nada sirve.

A los treinta y cinco años fundó una comunidad de amigos en una casa a las afueras de Atenas con un pequeño huerto en la que vivían según sus propias normas éticas. Esto hizo que los seguidores de Epicuro fuesen conocidos como «los de la escuela del jardín». En la casa de Epicuro se practicaba la tranquilidad y la sencillez de la vida del campo. La mayoría de las veces, los epicúreos comían pan y bebían agua. Aprendieron a satisfacerse con poco, ya que creían que lo importante no es lo que se come, sino con quién se come, porque la mayor fuente de placer se encuentra en la verdadera amistad. No hay en este mundo nada superior a la dicha que aporta la conversación con un amigo.

El lema que recoge el género de vida que se practicaba en el jardín es «*lathe biosas*», una expresión que podemos traducir como 'vida apartada' o 'vivir en lo oculto' y que tiene múltiples significados. Por un lado, invita a buscar un modo de existencia de perfil bajo, a no destacar ni hacerse notar. En este sentido, el *lathe biosas* es el opuesto al imperativo de las redes sociales que obliga a exponernos continuamente para buscar notoriedad. La máxima epicúrea nos exige desconexión para buscar espacios de privacidad y autonomía donde vivir libremente. Pero también significa retirarse de la muchedumbre, de la masa, las modas, las convenciones sociales, la opinión mayoritaria y el género de vida socialmente aceptado para cultivar nuestro jardín interior. Abandonar los asuntos del mundo para ocuparse de uno mismo. Retirarse para cuidar y curar nuestro organismo. Se trata de vivir discretamente, sin complicaciones, siguiendo el sabio dictado de la naturaleza y no la insensata precisión social; evitar las necesidades superfluas y los focos de atención; aprender a disfrutar del instante presente, no desperdiciarlo intentando encapsularlo en nuestras pantallas; no complicarse la vida, sino simplificarla; construir un lugar de seguridad y tranquilidad donde refugiarse con los amigos del caos y las perturbaciones de la vida social. Es necesario alejarse de la multitud para vivir los principios epicúreos, ya que la felicidad solo puede vivirse con individuos dignos de compañía.

En cuanto al placer, Epicuro, en contra de Aristipo, aconseja preferir lo estático a lo dinámico y lo natural y fácil de obtener a lo artificial y lujoso. El criterio en la elección es decidirse por aquello que nos garantice la ataraxia: la salud del cuerpo y la tranquilidad del alma. Es mejor calmar un dolor que disfrutar de un placer impuro que, aunque comience generando un subidón en el cuerpo, terminará produciendo un estado de malestar. Epicuro no encuentra sensato elegir un placer inmediato que nos causará dolor en el futuro. Deberíamos satisfacer solo un deseo cuando la suma total del placer presente y el dolor futuro tengan un saldo positivo. No merece la pena poner en peligro la serenidad, la armonía y el equilibrio de nuestro cuerpo o de nuestra mente. Un buen hedonista sabe calcular bien los placeres y nunca obedece ciegamente a un deseo, comportase así nos degrada. Este género de vida es más propio de bestias que de seres humanos.

En el huerto de Epicuro se cultivaban la nutritiva comida y la dulce amistad. Los amigos se reunían al aire libre, a comer del fruto de su trabajo, a pensar en libertad, a dialogar, a perder el miedo a la muerte y a reír. El jardín era un refugio de serenidad abierto a cualquiera que necesitase huir de un mundo violento, enfermo e insensato; un espacio donde nadie se sentía juzgado ni rechazado, sino acogido en cordial camaradería. En el jardín no había parias, esclavos ni putas, tan solo amigos comiendo en torno a una misma mesa, compartiendo un vino de casa y un tarrito de queso, relajándose a la brisa del Egeo y disfrutando del inmenso placer de estar vivos.

KANT: CORTAR EL NUDO GORDIANO

Según cuenta Plutarco, Alejandro Magno se encontraba conquistando el Imperio persa cuando llegó a Gordión, capital del reino de Frigia. En el templo de Zeus, situado en la acrópolis de aquella ciudad, se encontraba un carro que estaba atado a un yugo mediante un complicadísimo nudo. Según las creencias de Frigia, un antiguo oráculo estableció que quien consiguiese deshacer el nudo se convertiría en el rey de Frigia, y se le abrirían las puertas de Asia. Alejandro se vio atraído por la leyenda e intentó beneficiarse de las creencias locales. Desató el nudo gordiano tomando una solución radical: sacó su espada y cortó el nudo a las bravas. Se cuenta que esa noche hubo una gran tormenta de rayos que se interpretó como que el propio dios Zeus estaba de acuerdo con aquella drástica solución, y que Alejandro afirmó: «¡Es lo mismo cortarlo que desatarlo!».

Immanuel Kant solucionó de una forma muy similar el problema gordiano de la felicidad. Siglos de filosofía intentando determinar cuál es el mejor género de vida para el ser humano y llega el prusiano con su espada y se carga el problema. Y es que para Kant la felicidad es un asunto subjetivo sobre el que es imposible llegar a un acuerdo y que poco, o nada, tiene que ver con la ética. La moral no es la doctrina de cómo ser felices, sino de cómo hacernos dignos de felicidad.

Kant define la felicidad como la satisfacción de nuestros deseos, inclinaciones, gustos, apetencias y necesidades. Por tanto, el significado de la felicidad es necesariamente distinto para cada individuo y, en ocasiones, incluso opuesto. El que deja plantada a su pareja en el altar tiene una concepción de la felicidad incompatible con la de la persona que se queda esperando junto a los invitados. De esto Kant sabía algo, puesto que en dos ocasiones estuvo a punto de casarse y se echó para atrás en el último momento. Se excusaba diciendo que casarse estaba bien, pero que no casarse estaba mejor. ¿Hubiera sido más feliz Kant casándose? Ni siquiera la propia persona sabe con exactitud qué es lo que le producirá felicidad. Hay cosas que juzgamos como desagracias que luego se tornan en fuente de dicha, y a la inversa. Puede que alguien que desea que le toque la lotería, posteriormente descubra como la riqueza le trae aparejadas envidias, aduladores, pérdida de amistades, conflictos familiares, ansiedad, etc. O como «El inmortal» de Jorge Luis Borges, que dedicó la vida a buscar la fuente de la eternidad para terminar descubriendo que esta, lejos de ser una bendición, es una cruel desgracia.

No solo no es posible fijar una definición universal y absoluta de la felicidad, sino que, además, tampoco podemos determinar con precisión cuáles son los medios adecuados. Esto es así, apunta Kant, porque la felicidad no es un ideal objetivo de la razón, sino de la subjetiva imaginación. El filósofo alemán llega a cuestionar la idea del eudemonismo de que la felicidad es una guía moral para nuestras acciones. La felicidad propia no es un deber, solo hay que imaginar cómo sería el mundo si aquellos que se juegan la vida en su profesión sirviendo a los demás antepusiesen su bienestar personal al cumplimiento de su deber. La virtud moral (la constancia en el cumplimiento de nuestras obligaciones morales), y no la felicidad, es el bien supremo y fin último de la existencia humana. Una felicidad construida sobre la inmoralidad, como la del narcotraficante, por ejemplo, carece de toda dignidad. La felicidad ni puede ser el fin último de nuestra vida ni se debe buscar directamente. Se obtiene, en todo caso, como consecuencia de buscar otras cosas de más valor. La amistad, por ejemplo, es causa de dicha, pero si se hace uso de ella como medio para la autosatisfacción, no se vivirá ni la amistad ni la alegría que esta produce.

Kant llega a considerar que colocar la felicidad como fin de la conducta es autoconsideración, egoísmo, narcisismo, amor por uno mismo y autosatisfacción. La ética no debe ocuparse de lo que nos hace felices, sino de nuestros deberes con los otros seres racionales. La pregunta moral no es qué me hace feliz, sino qué debo hacer. Es más, la idea de un modelo de felicidad común al género humano, advierte Kant, convierte la política en una cruel tiranía. Todo gobernante que ha querido hacer feliz al pueblo, de acuerdo con su particular idea, se convierte en un déspota. No necesitamos un Estado paternalista empeñado en hacernos felices. El ciudadano es un ser emancipado, con derecho a buscar su felicidad donde le plazca y estime oportuno. La función del Estado es la de garantizar el libre ejercicio de este derecho y regularlo para que el disfrute de unos no limite el de otros. Que cada uno haga con su vida lo que le dé la real gana, mientras no salpique a los demás. Somos seres autónomos: tenemos la capacidad para fijarnos por nosotros mismos los fines de nuestra vida. Defender un fin último para la existencia humana determinado por naturaleza significa negar nuestra autonomía y, por tanto, aquello que nos hace dignos y responsables. La felicidad no es innata, no es algo que esté inserto en nuestro ADN, sino algo que debemos construir. Insiste Kant: no se trata de cómo ser felices, sino de cómo hacernos dignos de la felicidad. Nudo desatado, a la manera prusiana, claro está.

¿SALVARÍAS A TU PERRO O AL BEBÉ DEL VECINO?

👀

Kant, Habermas, Peter Singer, Alasdair MacIntyre, Nick Bostrom, Jeremy Bentham, Thomas Hobbes, Alfred Julius Ayer, Charles Leslie Stevenson

Pongámonos en situación: imagina que un fallo fortuito en un electrodoméstico causa un brutal incendio en el edificio en el que vives. Las llamas se propagan con una velocidad alarmante. Un humo negro te impide respirar. Si quieres conservar la vida, tendrás que salir a la calle inmediatamente, pero antes debes tomar una decisión: salvar a tu querida mascota, un leal bóxer de seis años con el que compartes un profundo vínculo, o al bebé de los vecinos, un recién nacido del que desconoces hasta el nombre de sus padres. ¿A quién debes llevar entre tus brazos? Y, lo más importante: ¿por qué razón? ¿Con qué principio moral justificarías tu elección? Ten en cuenta que este es un problema ético y no de pensamiento lateral. No se trata de emplear un razonamiento creativo para encontrar soluciones originales o alternativas que nadie había tenido en cuenta. Solo dispones de dos opciones: perro o bebé. No intentes zafarte del problema con alternativas como estas: «Salvo a los dos. Llevo a uno en cada brazo», «Es un falso dilema. No elijo» o «Llamo a Batman». Y, recuerda que lo más importante es intentar argumentar tu decisión con razones, no con emociones. No pienses en lo que tú elegirías, sino en lo que deberías elegir. Se trata de demostrar a cualquier ser racional que lo que harías es lo que todos deberíamos hacer.

KANT: ELIJA LA VIDA MÁS DIGNA

Este reto filosófico no debería ser un ejercicio de «opinología» barata como las encuestas virales que dividen una red social en bandos y enfrentan a unos usuarios contra otros, sino un experimento mental, esto es: un recurso de la imaginación creado para juzgar la validez de nuestras afirmaciones, creencias, principios, valores o razonamientos. Los experimentos mentales se utilizan en derecho, física, matemáticas o filosofía, y para resolverlos se debe usar una metodología estrictamente racional que deje a un lado las preferencias y emociones subjetivas de cada uno. No estamos ante un conflicto emocional, sino teórico. Las cosas no son justas porque me conmueven; ni injustas porque me ofenden. Esto sería reducir el esforzado juicio moral a mero sentimentalismo. Pues bien, en este caso, lo que debemos juzgar es cuáles son las razones para determinar que una vida posee más valor que otra. Este es el quid de la cuestión. Así que no nos perdamos por los cerros de Úbeda ni nos enfrasquemos en un diálogo de besugos, tomemos el toro por los cuernos y pongamos a prueba nuestras consideraciones morales sobre el valor de la vida humana.

Aunque Kant no era muy taurino, dedicó esfuerzo intelectual a fundamentar el estatus especial de la vida humana sin recurrir a justificaciones religiosas. Exista o no exista un Dios que nos ha creado a su imagen y semejanza, y que nos ha dado el dominio sobre los peces del mar, sobre las aves del cielo, sobre los ganados y sobre todo reptil que se arrastra sobre la tierra, ¿por qué la vida de un ser humano es infinitamente superior e incomparable a la de cualquier otro ser de este universo? Atrévase el creyente a cerrar la Biblia y a encontrar razones que nos convenzan a todos. Recuerde que de ello depende, nada más y nada menos, que la validez de los derechos humanos. No es moco de pavo.

En capítulos anteriores hemos analizado la distinción kantiana entre valor y dignidad. Recordemos que la dignidad es un valor intrínseco a la persona y que nos obliga a un respeto incondicionado. Para Kant, el respeto que le debes al bebé de tus vecinos no está condicionado al afecto que sientes por tu perro ni al dolor (real, nadie lo cuestiona) que sufrirás por su pérdida. Debes tener en consideración que la persona no debe ser confundida con ninguna otra cosa, puesto que ninguna persona es intercambiable por otra. Ya vimos que aquello que puede ser intercambiado tiene precio y aquello que no tiene precio posee dignidad. El hecho de que se puedan comprar mascotas, pero no bebés, indica, con absoluta claridad, la superior consideración moral que le debes al hijo de tus vecinos. El bebé es persona no por pertenecer a la especie humana, sino porque llegará a ser un sujeto cuyas acciones son imputables. Una cosa, en cambio, es un algo que no es susceptible de imputación. Al bebé, el día de mañana, le será atribuible la responsabilidad de sus acciones. Si, por ejemplo, el hijo de los vecinos conduce a 180 kilómetros por hora por una autovía, es muy probable que le casquen una buena multa y le retiren un par de puntos del carné (no preguntes por qué lo sé). En cambio, si tu perro muerde a alguien, serás tú el responsable y quien tenga que abonar tanto los gastos médicos de la víctima como la posible indemnización.

Este escalón insalvable entre el ser humano y el animal se fundamenta en el hecho de que la persona está dotada de razón y voluntad libre. En unos años, el bebé podrá hacerse preguntas morales como esta que estamos intentando resolver, podrá distinguir entre lo justo y lo injusto, lo bueno y lo malo, y actuar en consecuencia. Por el contrario, estas facultades ni están en tu perro ni se las espera. Sin autonomía moral, no hay dignidad, así es la cosa.

La autonomía moral marca una frontera que separa a los animales de los seres humanos. La dignidad que le atribuimos al bebé no es en tanto que miembro de la especie humana, sino en tanto que miembro de la «comunidad de seres morales». El día que tu perro desarrolle la capacidad moral y se convierta en un ser autónomo, será admitido en la comunidad y gozará de la misma dignidad. Mientras tanto, tienes la obligación moral de respetar la dignidad del bebé porque, si no lo haces, lesionarás a la humanidad entera y a ti mismo con ella.

HABERMAS: EL PERRO NO HABLA, EL BEBÉ HABLARÁ

Jürgen Habermas considera que la clave de la dignidad de la vida humana no se encuentra tanto en nuestra capacidad moral, como pensaba Kant, como en la capacidad lingüística, ya que esta última es la condición *sine qua non* para que surja la primera. Para formar parte de una comunidad de seres que resuelven sus conflictos dialogando de forma libre, racional y justa, es necesario poder dialogar, no queda otra. La capacidad moral que distingue a las personas tiene como fundamento la capacidad lingüística y comunicativa. Deberemos tener en cuenta que, por mucho que yo estime a mi perro, por mucho que lo considere un miembro más de mi familia, o por mucho que sea mi mejor amigo, nunca podrá formar parte de la comunidad de hablantes. El lenguaje humano, a diferencia del lenguaje animal, nos permite discutir sobre lo bueno y lo malo para nosotros y llegar a entendimiento. Actuar éticamente es tratar al ser humano como ser humano y al animal como animal.

Cuando un bebé nace y es acogido públicamente en el seno de una comunidad humana, deja de ser un mero animal para convertirse en una persona e iniciar un largo proceso de socialización por el cual irá integrando la lengua, los valores y las normas de su grupo humano de referencia. Tu perro, en cambio, al no poseer esta capacidad lingüística y comunicativa, ni puede ni podrá socializarse. Tratarlo como una persona no lo convierte en persona. Aunque le organices una fiesta de cumpleaños, le encargues una tarta, lo vistas como un humano y le hagas regalos, tu mascota nunca sabrá qué es un cumpleaños. El animal humano es el único que puede entrar en un mundo de personas que le salen a su encuentro, le dirigen la palabra y hablan con él.

En 1799, tres cazadores franceses encontraron a un niño que había permanecido toda su vida aislado de todo contacto con seres humanos. Aparentaba tener diez años, iba completamente desnudo, con la cara y el cuerpo lleno de cicatrices y tenía un comportamiento salvaje: vivía en los bosques, andaba a cuatro patas y trepaba por los árboles. Aunque tenía nuestra misma biología, su conducta era más animal que humana. Cuando lo capturaron no hablaba ni respondía a ninguna pregunta, pero sí reaccionaba ante el crujido de una rama o el ladrido de un perro. Parecía insensible al frío y al calor. Cada vez que intentaban vestirlo, rompía la ropa para volver a la desnudez. El joven doctor Jean Itard se hizo cargo de la socialización de la que había sido privado el niño y de su integración dentro de la comunidad de seres humanos. Le impuso un nombre, Victor, lo acogió en su casa y le enseñó a hablar, y, con el despertar de la palabra, la bestia desarrolló conciencia moral y un sentido de la justicia. François Truffaut llevó esta historia a la pantalla en una maravillosa película llamada *El pequeño salvaje*. En la cinta hay una escena memorable. El doctor Itard está satisfecho con los resultados del proceso educativo de Victor. El joven ya es capaz, por ejemplo, de sentarse a la mesa, comer con cuchillo y tenedor y pedir su comida. Pero al doctor le surge la duda de si Victor es ya realmente una persona. Su aparente conducta civilizada podría ser tan solo el resultado de una mera imitación y adaptación al medio que en nada diferiría de la llevada a cabo por un animal domesticado. Al igual que un perro, el niño podría estar respondiendo a los estímulos de premios y castigos, pero sin comprender absolutamente nada sobre los valores y las categorías morales con las que actuamos los seres humanos. ¿Habrá desarrollado Victor el sentimiento de justicia dentro de su corazón? Solo hay una manera de saberlo: el doctor trata al joven con crueldad y lo castiga injustamente. Victor llora, se rebela y muerde el brazo de Itard, que, con amor paternal, lo abraza y le felicita. Ese mismo día, el doctor escribe en su diario:

Cuánto me hubiese gustado que me entendiera, poder expresarle hasta qué punto el dolor del mordisco me llenaba de satisfacción. ¿Podía alegrarme? Tenía la prueba de que el sentimiento de lo justo y de lo injusto ya no era extraño al corazón de Victor. Al darle, o más bien, al provocarle ese sentimiento, acababa de elevar al hombre salvaje a la altura del hombre moral por su mejor característica y su más noble atributo.

Pues bien, deberías reconocer que no hay adiestrador canino capaz de elevar a tu perro a tal altura moral, y por eso precisamente no puedes dudar a la hora de tomar partido por la dignidad de la vida del bebé de tus vecinos.

PETER SINGER: NO ES DIGNIDAD TODO LO QUE RELUCE

No te apresures a salvar la vida de la cría de *Homo sapiens* y abandonar al pobre perro a su suerte, pues, según algunos filósofos, no es descabellado asignar dignidad a los animales. De entrada, habría que advertir de que la dignidad es un concepto ético problemático: ni su significado ni su fundamentación son compartidos por todos. Esta ambigüedad provoca que la dignidad sea usada para defender posiciones morales contrarias. Por ejemplo, los que están en contra de la eutanasia consideran que atenta contra la dignidad de la vida humana, mientras que en el bando contrario se encuentran los que defienden una muerte digna. ¿En qué quedamos? Un concepto que sirve para sostener tesis opuestas parece que sirve para poco.

Debemos preguntarnos si realmente existe tal abismo moral entre los seres humanos y los animales. Peter Singer considera que la oposición animal-humano es una falsa dicotomía, ya que el humano es un animal. En la misma línea, el filósofo galés Alasdair MacIntyre recuerda que, desde sus primeros usos, la palabra *animal* se ha utilizado para denominar a una clase compuesta por arañas, abejas, chimpancés, delfines y demás bichos, de la que, por supuesto, no formarían parte los humanos. Esta acepción ha creado en nuestra cultura un modo de pensar que tiende a exagerar las diferencias del humano con las otras especies y que olvida por completo lo que Charles Darwin nos mostró. Ya va siendo hora de que llamemos al ser humano por su verdadero nombre: animal. La creencia en una naturaleza humana distinta y superior es un prejuicio religioso imposible de justificar racionalmente. ¿Es cierta la idea de que solo nuestra especie dispone de racionalidad, palabra, autoconciencia, libre albedrío, empatía o moralidad?

La etología es una ciencia nueva que está emparentada con la biología y la psicología. El término proviene de la palabra griega *ethos*, que también es la raíz de la palabra *ética*, y significa «comportamiento». Podemos definirla como el estudio del comportamiento de las especies animales, todas, incluido el hombre, en su medio natural. Los etólogos han puesto al descubierto que algunos animales, como los simios o los delfines, poseen, en cierto grado, las capacidades que creíamos exclusivas del ser humano. Con lo cual, parece injustificado atribuirnos un estatus moral superior. Gorilas, chimpancés y bonobos son capaces de razonar y comunicarse con los humanos. Koko fue una gorila que alcanzó fama mundial. Fue portada de la revista *National Geographic* en dos ocasiones. Una de ellas fue un selfi que la gorila se hizo frente a un espejo. La etóloga Francine Patterson le enseñó el lenguaje de signos. Koko llegó a tener un vocabulario de más de 1.000 signos y la capacidad para entender 2.000 palabras del inglés hablado. Al comprender y usar aspectos de nuestro lenguaje, Koko demostró que todos los grandes simios son capaces de razonar sobre su mundo y amar y sufrir por otros seres. La investigación y el trabajo con Koko revelaron que los grandes simios tienen habilidades lingüísticas similares a las de los niños pequeños, que razonan y que poseen emociones similares a las humanas. Koko mostró, por ejemplo, sentido del humor. El etólogo estadounidense Allen Gardner adoptó a una chimpancé, le dio el nombre de Washoe y la crio en su casa como si se tratase de su propia hija. Le enseñó la lengua de signos del inglés estadounidense. Al cabo de dos años, los investigadores se dieron cuenta de que Washoe podía adquirir signos sin un entrenamiento específico, simplemente por observación. Aprendió unos 350 signos, creó nuevas palabras o expresiones (como cuando vio un cisne y con signos dijo «pájaro agua» o cuando pronunció «abrir flor» para pedir que la dejasen entrar en un jardín) e incluso llegó a enseñar algunos signos a otros chimpancés, sin intervención humana. Otro caso interesante fue el de Kanzi, un bonobo que formulaba preguntas y respuestas y usaba símbolos para referirse a objetos ausentes.

El comportamiento de los delfines ha sido objeto de numerosos estudios. La proporción de su masa cerebral con respecto a la corporal es muy similar a la nuestra. Son animales que, como nosotros, habitan en estructuras sociales complejas. Crean vínculos, cooperan entre sí, se organizan para cazar, muestran sentimientos y reconocen a cada individuo. Pero el dato más relevante es, sin duda, su capacidad comunicativa y su conducta racional. Hoy nadie pone en duda que poseen un sistema de comunicación sofisticado que podría ser muy semejante al nuestro. Los delfines utilizan unos silbidos distintivos, denominados «firmas acústicas», para identificarse entre sí y llamarse por su nombre. Parece ser que cada individuo inventa un nombre exclusivo para sí mismo cuando aún es una cría y que lo utiliza de por vida. Los delfines se saludan en el mar intercambiando este tipo de silbidos y parece que recuerdan la firma acústica de sus congéneres durante décadas. El etólogo Louis M. Herman desarrolló un lenguaje acústico con el que pudo comunicarse con un grupo de delfines que han demostrado ser capaces de comprender frases complejas, responder a ellas, identificar objetos y acciones y entender la sintaxis (reconocen cuando una frase no cumple una norma sintáctica). A pesar de lo que creía Kant, estamos ante otra especie con racionalidad. Tomás de Aquino definió el animal racional como aquel que posee una razón para el obrar, siendo dicha razón el bien y el fin hacia el que orienta su acción. El ser humano dispone de una facultad para reconocer los bienes que le son propios y orientar hacia ellos su acción, pero el delfín también. A este simpático animal marino se le pueden atribuir razones para hacer una gran parte de lo que hace. Prejuicios aparte, si somos honestos, debemos concluir que, si se le pueden atribuir razones, entonces es un animal racional. El hecho, afirma MacIntyre, de que especies de animales inteligentes no humanos, como los delfines, no puedan expresar en lenguaje humano sus razones no es impedimento para que se atribuyan razones a su acción.

Las investigaciones de los etólogos nos obligan a concluir que lo más que se puede decir es que el ser humano posee estas capacidades en mayor grado, y que, por tanto, su dignidad sería también una cuestión de grado. El supuesto escalón insalvable que separa al animal del humano se nos desvela ahora como una difusa escala de grises. Nick Bostrom es de los filósofos que consideran que Kant y Habermas se equivocan al considerar la dignidad como una cualidad absoluta que no admite niveles, como sí ocurre con el embarazo o con la muerte. Una está o no está embarazada, está viva o muerta, pero no se puede estar ni más ni menos embarazada ni más o menos muerta (a no ser que uno sea el gato de uno de los padres de la mecánica cuántica). En cambio, con la racionalidad o la comunicación no ocurre lo mismo. Por tanto, debemos concluir que existe cierto grado de dignidad entre los animales.

Dadas las características mentales de algunos animales, debería contemplarse la posibilidad de considerarlos personas no humanas y reconocerles ciertos derechos, como, por ejemplo, el derecho a la vida. Esta idea es la que puso en marcha el Proyecto Gran Simio, un grupo de filósofos y científicos que, bajo el lema «La igualdad más allá de la humanidad», han escrito la *Declaración de los Grandes Simios*, con la que intentan ampliar la «comunidad moral» al grupo zoológico de los grandes simios (chimpancés, bonobos, gorilas y orangutanes) como paso intermedio en la búsqueda de la reconciliación total del ser humano con sus hermanos animales. El objetivo principal del Proyecto Gran Simio consiste en conseguir una declaración de la Organización de las Naciones Unidas por la que se reconozcan tres derechos fundamentales a los grandes simios: el derecho a la vida, a la libertad y a no ser torturados. Su declaración se abre con las siguientes palabras:

> Exigimos que la comunidad de los iguales se haga extensiva a todos los grandes simios: los seres humanos, los chimpancés, los gorilas y los orangutanes [...] Hoy solo se consideran miembros de la comunidad de los iguales a los de la especie *Homo sapiens* [...] El chimpancé (incluyendo en este término tanto a la especie *Pan troglodytes* como al chimpancé pigmeo, *Pan paniscus*), el gorila (*Gorilla gorilla*) y el orangután (*Pongo pygmaeus*) son los parientes más cercanos de nuestra especie. Poseen unas facultades mentales y una vida emotiva suficientes como para justificar su inclusión en la comunidad de los iguales.

Algunos intentan refutar la tesis de que los animales son sujeto de derechos con el argumento de que para poder serlo se debe, igualmente, poder ser capaz de asumir deberes. Pero si esto fuese así, deberíamos excluir de la comunidad moral a todos aquellos seres humanos que no son capaces de obligaciones, empezando por el bebé de tus vecinos, siguiendo por aquellos que padecen una discapacidad mental grave y terminando por los que están en un coma profundo. Y si la idea de tratar como inferiores a las personas con una menor capacidad intelectual nos repugna moralmente, por el mismo principio no deberíamos tratar como cosas a los animales ni hacer caso omiso a sus intereses basándonos en que no son de nuestra especie o en que son menos inteligentes.

Para Peter Singer los animales son nuestros semejantes y arrebatarles su dignidad por el mero hecho de no pertenecer a nuestra especie es un prejuicio que está tan injustificado como el racismo. Si el hecho de que algunas personas no sean miembros de nuestra raza no nos da derecho a tratarlas como cosas, del hecho de que los demás animales no formen parte de nuestra especie no se puede inferir lo contrario. Peter Singer acuñó el concepto de *especismo* para referirse al prejuicio a favor de los intereses de la propia especie, en detrimento de las demás, basándose en la creencia errónea de que algunas especies son superiores a otras. El equívoco de esta actitud sesgada se encuentra en que la dignidad y el derecho a formar parte de la comunidad moral no lo da ni la capacidad para razonar (Kant), ni la capacidad para dialogar (Habermas), sino la capacidad de sufrir y, en esto, tenemos que admitir que perro y bebé están igualados. El propio Jeremy Bentham, padre del utilitarismo del que mama Peter Singer, escribió en el siglo XIX, una época en la que los ingleses trataban a las personas africanas como nosotros tratamos hoy a los animales, unas palabras que parecen estar no solo escritas para nuestro tiempo, sino directamente para resolver este #FiloReto:

Es probable que llegue el día en que el resto de la creación animal adquiera aquellos derechos que nunca, si no fuera por las manos de la tiranía, podrían haberles sido negados. Los franceses ya han descubierto que el color negro de la piel no es una razón por la que un ser humano debe verse abandonado sin remisión al capricho de un torturador. Llegará el día en que se reconozca que el número de piernas, la vellosidad de la piel o la terminación del *os sacrum* sean razones igualmente insuficientes para abandonar a un ser sensible al mismo destino: ¿qué más ha de ser lo que trace la línea insuperable? ¿Es la facultad de razonar quizá la facultad del discurso? Sin embargo, un caballo o un perro adulto es, más allá de toda comparación, un animal más racional y más comunicativo que un niño de un día, o de una semana, o incluso de un mes. Pero incluso suponiendo que fuera de otra forma, ¿qué importaría? La cuestión no es: ¿pueden razonar? Ni tampoco: ¿pueden hablar? Sino ¿pueden sentir el sufrimiento?

Una piedra no tiene capacidad de sentir el sufrimiento y por ello podemos usarla como nos plazca. Nada de lo que le hagamos a la piedra puede alterar un ápice su bienestar. Pero si un ser, pertenezca o no a la humanidad, tiene capacidad de sufrir, no existe justificación racional alguna para no tener en cuenta su sufrimiento. El límite real de la dignidad es la capacidad de sentir; no atribuírsela a un animal por no pertenecer a nuestra especie es una discriminación absurda e inmoral. El racista no reconoce que el sufrimiento de las otras razas tenga el mismo valor que el de la suya; el especista, haciendo uso de la misma lógica falaz, no reconoce que el sufrimiento de otras especies posea la misma dignidad que el de la suya. Si eres de aquellos que ante el dilema dijiste cosas como «es solo un perro», debes hacértelo mirar. Recuerda que otros, desde la misma ceguera moral, también dijeron «es solo un negro» para justificar la segregación de la comunidad moral a individuos de pleno derecho.

La gravedad de un dolor solo depende de su intensidad y duración, no de la especie que lo sufre. No hay un solo argumento convincente que pueda defender que la vida es más valiosa dependiendo de la especie a la que pertenece; porque dicha tesis, en el fondo, está fundamentada en la creencia religiosa de que la vida humana es sagrada y que los animales existen para cubrir nuestras necesidades e intereses. Pero libros escritos por hombres que escuchaban voces divinas aparte, no hay razones para seguir pensando así.

Peter Singer, y todos los que cuestionan el especismo, no se cansa de repetir que su propuesta ética no trata de disminuir el estatus moral del humano, sino de elevar el de los animales. El que defiende que la vida del bebé y la del perro tienen la misma dignidad no se la está arrebatando al humano, sino extendiéndosela al animal. Ahora bien, nos advierte Peter Singer, la moralidad de una acción no depende de nuestros afectos. Por tanto, no está éticamente justificado salvar al perro porque es el ser por el que uno siente más apego y cariño. La ética nos exige imparcialidad, ya que a nadie (en su sano juicio) le gustaría vivir en un mundo donde los demás lo tratasen con la arbitrariedad de los sentimientos, donde la gente, en lugar de preguntarse qué es lo correcto, se preguntara qué es lo que esta persona me hace sentir. Imaginemos que un bombero, para decidir si debe salvarnos la vida jugándose la suya, se preguntara por cuál de las dos vidas, la suya o la nuestra, siente más aprecio. En ética, los sentimientos son como los gases de nuestro intestino: aunque todos tenemos, no los exponemos en público, sino que los guardamos para el entorno privado, o no...

También existe una forma rápida de solucionar este #Filo-Reto y consiste en cargárselo. El emotivismo es una doctrina ética que sostiene que los juicios morales, a diferencia de los científicos, no se refieren a nada objetivo y que, por tanto, no hay manera de determinar si son verdaderos o falsos. El enunciado «robar es malo» no está describiendo ningún objeto de la realidad, es tan solo una forma indirecta de decir «no debes robar». Pero esto no una descripción de un hecho, sino un mandato. Los juicios morales son, en el fondo y en la forma, imperativos que no tienen validez objetiva ni valor de verdad. Las oraciones que solo expresan juicios morales no dicen nada. El lenguaje moral es irracional y su función es la de manifestar los sentimientos y los deseos del hablante. Para Thomas Hobbes, uno de los primeros emotivistas, lo bueno es realmente lo que yo deseo. En esta misma línea, Alfred Julius Ayer sostiene que todos los supuestos argumentos que podamos proponer para solucionar el dilema del bebé y el perro son

> puras expresiones de sentimiento, y, como tales, no corresponden a la categoría de verdad y de falsedad. Son inverificables por la misma razón que es inverificable un grito de dolor o una palabra de mando porque no expresan auténticas proposiciones.

Todas las afirmaciones que hemos hecho hasta ahora no pueden ser ni verdaderas ni falsas porque no describen, sino que hacen juicios de valor. El dilema de si la vida del bebé es mejor que la del perro sería tan subjetivo como el de si la fabada es mejor que el cocido. Todo depende de los gustos, deseos, sentimientos y preferencias del sujeto. «Bueno» es un pseudoconcepto que nada dice del objeto del que se está hablando, sino de los sentimientos del sujeto que está hablando.

El filósofo estadounidense Charles Leslie Stevenson cree que los juicios morales cumplen otra segunda función: la de provocar en el oyente sentimientos de aprobación o desaprobación. Es decir, que el lenguaje moral sería realmente una forma de manipulación que guarda un gran parecido con el publicitario o el político, y que persigue suscitar en el interlocutor un cambio de actitud. El éxito de la manipulación radica en que el lenguaje moral se disfraza de descriptivo y, con ello, aparenta ser objetivo y racional. Pero de objetivo y racional, nanay de la China; «bueno», «malo» y el resto de los conceptos morales desempeñan la misma función lingüística que una interjección: expresar sentimientos muy vivos, sensaciones e impresiones para influir en el interlocutor. Síntoma de ello es que, aunque le demos todas las vueltas que queramos a este dilema, no lograremos zanjarlo nunca, siempre habrá alguien a quien no le convenzan nuestros argumentos, y la razón de ello es que no hay razones para convencer a alguien de que sienta lo que no siente.

¿Podemos ser *amigos* con derecho a *roce?*

Platón, Aristóteles, Montaigne, La Boétie,
Zygmunt Bauman, Nietzsche, Darío Sztajnszrajber

Cuando Harry encontró a Sally, dirigida en 1988 por Rob Reiner y escrita por él y por Nora Ephron, es la mejor comedia romántica de los ochenta. Quien opine lo contrario, sepa que sería la persona elegida por el autor como víctima del próximo #FiloReto. La película enseñó a una generación a hablar con libertad de la amistad, el amor y el sexo. Harry y Sally acaban de graduarse en la Universidad de Chicago y deciden emprender juntos un viaje a Nueva York para continuar sus carreras. En una de las paradas de su odisea, mantienen un famoso diálogo del que nace la que podríamos llamar la «paradoja de Harry»:

—Empíricamente eres atractiva —espeta Harry con cierto tono donjuanesco.

—¡Estás intentando ligarme! —responde una ofendida Sally.

—No, no es cierto. ¿No se puede decir que una mujer es atractiva sin intención de ligársela? Vale, está bien. Digamos, solo para que el tema quede claro, que sí intentaba ligarte. ¿Qué quieres que haga ahora? Lo retiro. ¿De acuerdo? Lo retiro.

—No puedes retirarlo.

—¿Por qué no?

—Porque ya lo has dicho.

—¡Oh, Señor! ¡No he hecho más que un comentario! ¿Qué quieres que haga? ¿Llamamos a la policía?

—Solo déjalo estar, ¿de acuerdo?

—Estupendo. Déjalo estar. Esa es mi política. Eso es lo que yo siempre digo. Déjalo estar. ¿Quieres que pasemos la noche en un motel? ¿Ves lo que he hecho? No lo he dejado estar. He dicho que lo dejaría, pero no puedo. He hecho todo lo contrario.

—¡Harry!

—¿Qué?

—Vamos a ser solo amigos, ¿de acuerdo?

—Estupendo, amigos. Es lo mejor. Por supuesto. ¿Te darás cuenta de que nunca podremos ser amigos?

—¿Por qué no?

—Quiero decir, y esto no es una artimaña de ninguna clase, que los hombres y las mujeres no pueden ser amigos porque siempre se interpone la parte sexual.

—Estás equivocado. Yo tengo muchos amigos varones y para nosotros el sexo no cuenta nada.

—No es cierto.

—Sí es cierto.

—No es cierto.

—Sí es cierto.

—Tú crees que es así.

—¿Insinúas que me acuesto con todos mis amigos sin ni siquiera saberlo?

—Insinúo que todos ellos quieren acostarse contigo.

—No es cierto.

—Sí es cierto.

—No es cierto.

—Sí es cierto.

—¿Y tú cómo lo sabes?

—Porque ningún hombre puede ser amigo de una mujer a la que encuentra atractiva, siempre quiere acostarse con ella.

—O sea que, según tú, un hombre solo puede ser amigo de una mujer si no la encuentra atractiva.

—No, tú también puedes querer acostarte con ellos.

—¿Y qué pasa cuando no quieren acostarse contigo?

—Eso no importa porque el sexo siempre está presente, por lo que la amistad se ve condenada. Y ese es el fin de la historia.

—En tal caso, tú y yo no seremos amigos.

—Supongo que no.

—Es una lástima. Eres la única persona que conozco en Nueva York.

La amistad en tiempos de Tinder

Harry y Sally discuten sobre la amistad entre dos personas que se atraen. Sus opiniones, como vemos, son absolutamente divergentes. Mientras Harry considera que la amistad es imposible, Sally cree lo contrario. Podríamos darle al dilema una vuelta de tuerca y preguntarnos si la amistad es compatible con el sexo o el amor. *Amigovio* es un americanismo que proviene de la fusión de «amigo» y «novio» y que la Real Academia Española ha terminado aceptando por la popularidad de su uso y su eficacia para describir un nuevo fenómeno social. Su definición ha quedado impresa en la vigésimo tercera edición del *Diccionario de la lengua española* como «persona que mantiene con otra una relación de menor compromiso formal que un noviazgo». De forma más informal, también podríamos definirla como «persona que es más que un amigo y agobia menos que un novio». La incorporación de esta voz al diccionario refleja la creciente complejidad de las relaciones en estos tiempos postmodernos. Si la postmodernidad se caracteriza por la defensa del relativismo, la idea de que toda realidad es una contrición humana, era lógico que sus principios, el individualismo, la diversidad y la mezcla, terminasen afectando a nuestra manera de entender y vivir la amistad. El hecho de que exista una definición oficial para amigovio pone de manifiesto la normalización de este fenómeno social. Aclaremos que un amigovio no es comparable a un «aquí te pillo, aquí te mato» a tiempo parcial. Es decir, no estamos hablando de una especie de Batman sexual al que uno solo llama cuando está en apuros. El amigovio se diferencia del «amigo tradicional» en que con él se comparte un plus sentimental y o sexual; y de la pareja, en que esta implica un plus de compromiso. Aunque, como buenos postmodernos, tenemos que entender estas categorías no de forma absoluta; como los colores, admiten una cierta gradación. Con la misma cantidad, y calidad, de sexo, uno podría estar más cerca de la amistad tradicional, otro de la «amigoviedad» y otro de la pareja. Y esta es, precisamente, la fuente de todos los conflictos, la madre de todas las guerras: no saber a qué reglas atenernos, qué es lo que nos une y, sobre todo, qué es lo que somos. *El último tango en París*, una película de Bernardo Bertolucci del año 1972, ya nos lo anunciaba hace más de cincuenta años. La película refleja de manera cruda los múltiples encuentros entre dos lobos solitarios: sexo puro y duro, sin límites, sin contarse las vidas, sin saber quién es el otro, sin nombres, sin identidad. Solo atracción carnal. El sexo se convierte en la tabla de salvación para dos individuos que se sienten naufragar en la existencia. Porque es mejor sentir el gozo de la carne que el terrible dolor de la soledad. En una de las icónicas escenas, los personajes, Paul y Jeanne, se comunican con rugidos y gruñidos, y se entienden, quizá, porque su relación es más animal que humana, quién sabe. El vínculo entre ambos se inicia con este diálogo que inicia Jeanne:

—No sé cómo te llamas.
—No tengo nombre.
—¿Quieres saber el mío?
—¡No, no! No me lo digas. —Le tapa la boca con violencia—. No quiero saber tu nombre, tú no tienes nombre y yo tampoco tengo nombre, no hay nombre, aquí no tenemos nombres.

La relación termina, obviamente, cuando uno de ellos quiere algo más y revela su nombre, mientras que la otra marcha por la puerta para no volver. Pero, y si la otra persona hubiese pronunciado también su nombre, ¿hubieran podido avanzar juntos hacia una relación de amistad? Para responder a esta pregunta, y a las otras que nos hemos venido formulando, es necesario entender cuál es la clase de vínculo que supone la amistad, cuál es su naturaleza y qué tipos existen.

¿Es la amistad un asunto ético?

¡Cómo no iba a serlo! Si la misma filosofía lleva la amistad en sus entrañas. Su nombre se construye con *philía*, el término griego usado para la «amistad», y *sophia*, que significa 'conocimiento', 'sabiduría' y 'estudio'. El filósofo es, por tanto, el amigo del saber. El mismo Platón define el filosofar como un dialogar entre amigos, a lo que se puede añadir que, si es con vino, mucho mejor. En latín, la palabra *amigo* está conectada al amor: *amicus* se forma a partir del verbo *amare*. Existe también otra etimología según la cual, el *amicus* es el *animi custos*, el 'guardaalma', literal y poéticamente. Y en árabe comparte, nada más y nada menos, raíz con *verdad*, uno de los temas centrales y transversales de la filosofía.

Platón investigó la amistad en el diálogo *Lisis*, pero el asunto no era una novedad, ya que la filosofía siempre se ha interesado por ella desde la Antigüedad. Aristóteles le dedicó un curso entero. En *Ética a Nicómaco*, su obra más conocida de ética y uno de los primeros tratados de filosofía moral, se dedican dos libros de un total de diez, el VIII y el IX, a indagar la naturaleza, las características y los tipos de amistad. Pero ¿por qué un estudio sistemático y científico sobre cómo han de vivir los seres humanos dedica tantas páginas a este asunto? Porque Aristóteles, tanto por viejo como por sabio, es consciente de que la relación de amistad es el paradigma para entender cómo debe ser cualquier otro tipo de relación entre seres humanos.

Aunque hoy se entiende la amistad como una cuestión más bien privada, Aristóteles la consideró la argamasa que une a las sociedades y las hace progresar. Toda sociedad necesita de leyes e instituciones justas, pero estas no pueden realizar su función si entre los ciudadanos, en lugar de la amistad, media la enemistad. Aquellos con los que comparto un bien y un destino común son mis amigos. Afirma Aristóteles que «todo es obra de la amistad, pues la elección de la vida en común la supone», es decir, que la política presupone la ética: para llegar a ser buenos ciudadanos, tenemos que comportarnos en el espacio público como los amigos que comparten un bien común. Pero con esto nos desviamos del tema y nos metemos en cuestiones que son más de filosofía política que de ética y que, por tanto, deberían ser tratadas en un libro específico, cuyo título podría ser *Política en la calle*. Así que, tiempo al tiempo, y volvamos sobre nuestros pasos.

INSTAGRAM NO HACE AMIGOS

Aristóteles afirma tajantemente que no se puede vivir sin amigos. La frase puede parecer una perogrullada digna de serigrafiarse en una taza de Mr. Wonderful, pero si se analiza con detenimiento, dice mucho más de lo que aparenta. Claro está que se puede vivir sin amigos, como también se puede hacer sin teléfono móvil, sin electricidad o sin hijos. Pero lo que nos está diciendo el estagirita es que es imposible vivir una vida que pueda ser llamada «feliz» si uno no dispone de amigos. Alguien sin amigos es un ser humano que no ha conseguido realizarse como persona, alguien que queda a medio hacer, un edificio en construcción que, al faltarle presupuesto, se abandona y revela más lo que le falta que lo que tiene. Una persona sin amigos no es una auténtica persona y una vida sin amigos no es una auténtica vida. La amistad es, para Aristóteles, el terreno en el que los hombres desplegamos todas nuestras potencialidades. El ser humano solo puede realizarse en la medida en que lo hace con otros. La amistad es el único refugio ante la adversidad y el único lugar en el que se puede disfrutar verdaderamente del resto de bienes. Es absurdo pensar que un hombre solitario pueda ser feliz, porque nadie querría poseer todas las cosas a condición de estar solo. Por eso, el hombre feliz necesita de amigos.

Ahora bien, ¿qué es un amigo? Aristóteles responde con una fórmula que se ha hecho famosa: un otro yo, un espejo de nuestra alma. De la misma manera que cuando queremos ver nuestro propio rostro lo hacemos mirándonos en un espejo, tenemos que mirar al amigo si queremos conocernos a nosotros mismos. La amistad es un espejo en el que los amigos ven reflejado el amor que se tienen. Pero ¿hay amor en la amistad? Y si es así, ¿qué clase de amor es el que une a los amigos?

Los griegos disponían de varios términos para el amor, ya que diferenciaban una gama de fenómenos amorosos: *érōs* ('eros'), *agápē* ('ágape') y *philía* ('filia').

El *érōs* es el amor pasional e impulsivo que implica una atracción sexual, es el deseo que exige satisfacción inmediata, es un torrente de energía que llega con fuerza, pero que se disipa con la consumación y se extingue con el tiempo. Don Juan es un esclavo del *érōs* y representa al ser atormentado por un deseo que nunca se consuma, solo cambia de objeto. El *érōs* es instinto y pulsión, violento y brutal. Nos permite disfrutar de nuestra propia animalidad y de la del otro, pero puede ser refinado mediante el arte del erotismo. El *érōs* nos cosifica y nos humaniza al mismo tiempo, nos convierte en sujetos y en objetos, nos une y nos separa.

El *agápē* es un amor universal a la humanidad que, a diferencia de los otros dos géneros, no exige reciprocidad. Quien, conmovido por el sufrimiento de otro ser humano, lo rescata de su dolor, no espera nada a cambio. Es más, al que actúa movido por el *agápē* no lo inspira el deseo de que los otros también sientan amor hacia él. Y menos mal que así es, porque si los educadores o los sanitarios buscasen reciprocidad, muy posiblemente ya nos hubiésemos extinguido. Este afecto estrecha lazos entre los seres humanos, invita a sentarnos en torno a una misma mesa, y nos remite tanto a la fraternidad como a la sororidad. El *agápē* es una emoción solidaria entre dos o más personas que les demanda unirse para combatir la injusticia en todas sus formas y luchar por un mundo mejor para todos. Esta forma de amor es la causa de que nos indignemos ante lo indignante y de que generemos alianzas, pactos y encuentros.

Por último, la *philía*, aunque puede ser traducida por «amistad», se debe advertir que, en griego clásico, este concepto tiene un significado mucho más amplio que el que hoy le damos. La palabra *philía* proviene del verbo *phileîn*, que significa 'querer' o 'amar'. El término *philon* significaba «aquello por lo que se tenía más apego». Al principio, hacía referencia a la propia vida, luego se extendió a la consanguineidad, a la familia, y, con la democracia, terminó señalando una relación libre que no implica parentesco, sino que nace de una mutua elección. El sustantivo *philía* terminó recogiendo todas las relaciones que se basan en el afecto, el cariño o el amor. Existe *philía* cuando dos personas se quieren, tenga este querer la forma que tenga, porque bajo este término se incluyen todas aquellas relaciones donde existe reciprocidad. Por tanto, para el griego, la reciprocidad es la clave de la amistad.

Aclarados los términos, reformulemos la pregunta que nos traemos entre manos: ¿son compatibles el *érōs* y la *philía*? Para Platón parece ser que sí. Así, al menos, nos lo deja entrever en su diálogo *Lisis*. En esta obra, unos jóvenes aprovechan la presencia de Sócrates en el gimnasio para preguntarle: ¿quién es amigo de quién? ¿El que ama o el amado? El diálogo sigue muchos derroteros sin llegar a una definición clara. Pareciera que Platón quisiese poner de manifiesto la riqueza de significaciones que posee esta palabra porque la realidad que intenta nombrar desborda nuestro lenguaje. Sin embargo, de la conversación filosófica surgen algunos principios de la amistad: los amigos han de ser semejantes, la amistad quiere el bien del otro, solo puede haber amistad entre los buenos, el amigo me hace mejor persona, la amistad exige reciprocidad y, aquí viene lo que andábamos buscando, *érōs* y *philía* son compatibles. El primero, en ocasiones, es causa de la segunda. Puede haber deseo sin amistad como amistad sin deseo, pero también es cierto que estos pueden coexistir. Es más, cuando el deseo tiene como objeto un amigo, este permanece y no se extingue. Así, una relación erótica puede concluir en amistad, como en una amistad se puede despertar la pasión. Para Platón, Tinder podría ser una buena herramienta para hacer amigos. Deberíamos tener presente que cuando un griego pensaba en la amistad, tenía como paradigma la relación de Aquiles y Patroclo y que, a pesar de lo que nos quiso hacer creer Wolfgang Petersen en la película de 2004, *Troya*, entre ambos amigos había *érōs* como para ser elegidos pregoneros del Orgullo. También habría que recordar que la democracia ateniense se cimienta sobre la sangre de dos amigos con derecho a roce: Harmodio y Aristogitón. Ahora bien, aunque Platón considere que puede darse una conexión entre el *érōs* y la *philía*, en el *Fedro*, donde se discute si es conveniente trabar amistad con quien se ama eróticamente, llega a la conclusión de que realmente son distintos amores, de que el primero no coincide sin más con el segundo, de que el alma no necesita del cuerpo y de que el amor espiritual es de naturaleza infinitamente superior.

Aristóteles, como era de esperar, se opone a la tesis de su maestro y considera que la amistad nada tiene que ver con el *érōs*. Para el discípulo de Platón, cuando la amistad se transforma en deseo sexual se desvirtúa, ya que este supone un exceso hiperbólico de aquella, y, por tanto, un vicio. Es decir, que si pasa lo que pasa es que te has pasado de la raya, o del término medio, como diría Aristóteles. El sexo supone un rito de paso hacia otro tipo de relación de naturaleza completamente diferente. Cuando dos amigos se encaman, algo en ellos se rompe definitivamente y quedan como en tierra de nadie. No son novios, pero tampoco son ya amigos. El *érōs* desata aquello que vinculaba a los amigos, los desliga para ligarlos con otra materia y situarlos en un estrato diferente.

MONTAIGNE: APARTA ESA MANO, TE AMO, PERO NO DE ESA MANERA

Cuando Michel de Montaigne leyó el *Discurso sobre la servidumbre voluntaria*, un texto que anticipaba las ideas anarquistas que removieron el siglo XX, quiso conocer a su autor inmediatamente. Montaigne se quedó perplejo al descubrir que Étienne de La Boétie fuera un joven de dieciocho años. Pero la diferencia de edad no fue óbice para que ambos forjasen una de las amistades más notables de la historia de la filosofía. Ninguno de los dos encontró en el mundo nadie como el otro para dialogar, reír, pensar o sentir. Como escribe el propio Montaigne: «Nosotros íbamos en todo a medias». Aunque, desgraciadamente, la peste separó pronto y repentinamente a los amigos. Cuando Montaigne fue consciente del estado avanzado de la enfermedad de La Boétie y del poco tiempo que les quedaba juntos dedicó todos sus esfuerzos para que su amigo pasase lo mejor posible sus últimos días. La muerte de su amigo lo conmocionó hasta lo hondo y provocó que el filósofo reflexionase sobre lo que había perdido:

> Mi vida, comparada toda ella con los cuatro años que me fue dado disfrutar de la dulce compañía y camaradería de este personaje, no es más que humo, no es sino una noche

oscura e inclemente. Desde el día en que le perdí voy arrastrándome alicaído; y aun los placeres que se me ofrecen, en lugar de consolarme, redoblan en mí el dolor de su pérdida. Íbamos en todo a medias: ahora me parece que le estoy quitando su parte. Estaba tan hecho y acostumbrado a ser en todo uno de dos, que ahora me parece ser solamente medio.

Para Montaigne, perder al amigo es perder una porción de uno mismo. Sin duda, su relación con La Boétie fue la mayor experiencia afectiva de su vida. Montaigne define la amistad como un sentimiento de amor absoluto que une a dos personas en una relación íntima. La amistad es la forma de amor más elevada que los mortales podemos vivir. Montaigne intenta atraparla en una definición, pero se le escapa y, a lo sumo, puede ofrecernos algunas de sus principales características:

- Relación gratuita y recíproca.
- Fundada en una mutua elección libre. Pero no es una elección racional, su fundamento no responde a razones, sino a emociones.
- Descansa sobre una intimidad compartida.
- Su efecto es la felicidad absoluta.
- Implica una conformidad de deseos entre los amigos.
- Permite la crítica y la corrección.
- No se desgasta, mejora su calidad con el tiempo.
- Crea una unión estrecha y duradera.
- Es una fusión de dos almas.
- Es una atracción irresistible que empuja a los amigos, el uno hacia el otro. Un sentimiento que difícilmente pueden entender los que no lo han vivido.

- Genera una confianza total y una comunidad de bienes.
- Es exclusiva: no se pueden tener dos o más amigos.

La amistad de la que nos habla Montaigne es una relación de amor espiritual que recuerda al amor platónico y que se encuentra en total oposición al amor carnal propio de las parejas. Esta idea será retomada por el romanticismo, que acuñará el concepto de «amigo del corazón» para definirnos un tipo de afectividad sin erotismo. Son amores de naturaleza diferente. Montaigne los distingue por las desiguales reacciones que causan en su cuerpo. El erótico es un calor activo, ardiente, violento, fluctuante y el goce se consuma. La amistad, en cambio, es un calor templado, uniforme, constante, sosegado, todo dulzura y suavidad, y no se consuma, sino que se expande. Por tanto, si tu amigo te calienta demasiado, no es tu amigo. Así de fácil. O no, porque hay quien ha querido ver en la relación de Montaigne con La Boétie la sublimación de una relación homosexual que la moral de la época proscribía. ¿No estarían haciendo de la necesidad virtud? ¿Cómo hubiera sido su relación en unos tiempos como los nuestros en los que, afortunadamente, disfrutamos de plena libertad sexual?

Un amigo es otro yo

Montaigne compartía con Aristóteles la idea clásica de que la amistad genera un vínculo de fusión entre iguales. Un amigo es otro yo. Nadie es amigo de quien es radicalmente distinto. Nos amigamos con aquellos que son como nosotros. Por tanto, los amigos tienen necesariamente que compartir algo que los mancomuna: unos mismos gustos, intereses, ideas, valores o caracteres. Igualmente, Aristóteles piensa como Platón que, además de semejanza, la amistad necesita de reciprocidad. Uno solo puede ser amigo de quien, a su vez, lo reconoce como amigo. No es suficiente con que uno solo sienta, por muy intensa que sea esa emoción, que quiere al otro. Los clásicos usaban el aforismo *du et des* para expresar que la amistad supone un pacto de reciprocidad en el que se exige que la otra parte dé lo que necesito, no lo que pido.

Aristóteles se reiría a carcajadas si nos escuchase afirmar que tenemos cinco mil amigos en Instagram. No hay tiempo suficiente en una vida como para cumplir el *du et des* con tal hueste. Nadie puede tener tal cantidad de amigos por la misma razón que es imposible mantener una relación de pareja con cinco mil personas. En la amistad la calidad es inversamente proporcional a la cantidad. El *du et des* exige tiempos y espacios de intimidad para llegar a conocer las profundidades del alma de la persona que hemos elegido y que nos ha elegido. Lo que tenemos en las redes sociales no son amigos, sino una relación parasocial. Aristóteles pone el ejemplo de la relación entre un atleta profesional y un aficionado. En ella no se da la reciprocidad que toda amistad exige. El aficionado desea el bien del atleta como si fuera el suyo, siente afecto hacia él y conoce su vida y logros, pero esto no sucede a la inversa. Bien es cierto que el atleta puede sentir y desear bien a los aficionados que corean su nombre en el estadio y ser honesto cuando afirma que quiere a su público, pero la reciprocidad que la amistad exige debe ser individual y, por tanto, el atleta debería conocer la vida personal de cada aficionado para que estos fueran sus amigos.

En las relaciones parasociales, especialmente las que promueven las redes sociales, los seguidores sienten que conocen a una persona pública que comparte su privacidad y que se dirige a ellos personalmente. El tono y la retórica usada fomentan una ilusión de intimidad, ya que utilizan un lenguaje parecido al que usaría un amigo cercano. La clave para destapar estas falsas amistades es la falta de reciprocidad.

El sociólogo polaco Zygmunt Bauman ha sido uno de los intelectuales que mejor ha descrito el fenómeno de las redes sociales. Para Bauman el individualismo que reina como valor supremo en nuestras sociedades modernas ha terminado atacando el vínculo más duradero que hemos creado los seres humanos para reducir la amistad a un mero contrato económico. Establecemos relaciones en la medida en que nos son beneficiosas, pero en el momento en que estas suponen algún lastre o incomodidad para alguna de las partes, el contrato queda rescindido. Ningún «nosotros» puede restringir la sagrada autonomía del yo. Pero el precio a pagar por esta libertad individual absoluta es la soledad y la irrelevancia para los demás. La contrapartida de que nadie nos importe es que no le importemos a nadie. La amistad ha muerto y nosotros la hemos matado. Es por ello por lo que usamos las relaciones virtuales como sucedáneo. Pero las relaciones que mantenemos en la red son narcisistas y no nos conectan a los otros. Las pantallas reproducen un mundo hecho a nuestra imagen y semejanza, donde los otros son un mero eco del yo y cuya función es alimentar nuestro ego. Estas relaciones virtuales se rigen por un hedonismo sin ningún compromiso: me conecto y me desconecto del otro a placer, según me venga bien, según necesite yo. El otro es, por tanto, cosificado, y ve reducida su dignidad de fin a medio. El problema es que el mundo analógico parece estar tomando como paradigma el virtual y así, en sus relaciones analógicas, el sujeto actual se conecta y desconecta de los otros según demanda, bloquea, entra y sale de la vida de los demás sin permiso ni compromiso.

A Aristóteles le repugnarían este tipo de relaciones. El filósofo afirma que la tercera característica de la amistad, además de la semejanza y la reciprocidad, debe ser la confianza. Dos amigos tienen que ser iguales en algo; tienen que reconocerse mutuamente y tienen que comprometerse el uno con el otro, ser refugio el uno del otro. En la amistad la lealtad debe ser absoluta y perfecta. La confianza, esto es la fe compartida, nos permite saltar al vacío, arrojarnos al otro y mostrar nuestra vulnerabilidad. Es nuestro conocimiento de la persona, del amigo que nos garantiza que jamás nos hará daño. Por ello, toda amistad necesita de tiempo y hábito hasta saber, a ciencia cierta, quién es el otro en el que uno se abandona.

CATALOGUE A SUS AMIGOS

Aristóteles considera que la amistad es un concepto análogo: posee varios significados y representa una pluralidad de relaciones diversas que en parte son iguales y en parte son diferentes. Sírvanos *arteria* como ejemplo de este tipo de conceptos: con la misma palabra nos referimos tanto a una calle como a un vaso sanguíneo, dos realidades parcialmente diferentes y, al mismo tiempo, parcialmente iguales, ya que ambas permiten la circulación. Si pensamos en nuestros amigos y en qué nos une a cada uno de ellos, comprobaremos que las diversas relaciones son parcialmente iguales y parcialmente diferentes. No todos los amigos son el mismo tipo de amigo, y lo que nos vincula a unos no tiene por qué ser lo que nos une a otros. A unos los conozco desde la infancia, a otros los conocí en el trabajo y a otros en el gimnasio. Con unos me iría de fiesta, pero nunca compartiría una intimidad; a otros confesaría mis secretos, pero no los llamaría para salir un sábado noche.

Aristóteles identifica dos tipos principales de amistad: la perfecta y la imperfecta. Es decir, en la amistad, como en el conocimiento, existen grados. Para Aristóteles las cosas no son blancas o negras, entre la sabiduría absoluta y la ignorancia absoluta existen diversos estratos de saber. Pues con la amistad sucede exactamente lo mismo: que el vínculo que nos une a un amigo no sea perfecto no significa que lo que estemos compartiendo no sea amistad. En toda amistad se comparte un bien. En la perfecta, lo bueno que nos vincula al otro es la propia persona del amigo. En este tipo de relación nos unimos al amigo por lo que el otro es, no por lo que nos da, produciéndose una fusión de almas irreversible e indestructible. En la imperfecta existe un tercer elemento que funciona como argamasa entre los amigos. La unión está, por tanto, condicionada a la caducidad de la mezcla. Es un tipo de amistad contingente, eventual, circunstancial, reversible, supeditada a un elemento ajeno a los amigos y que puede dejar de ser en un determinado momento, pero también es una forma de amistad. La imperfección no es sinónimo de falsedad, mera apariencia o copia imperfecta de la verdadera realidad. En la perfecta, el bien que me aporta la relación es el amigo mismo. El amigo se convierte en un fin en sí mismo que genera un vínculo eterno. No es que el otro tenga algo que me hace bien, sino que él mismo es un bien. No existe un tercer elemento que nos una, sino que es la persona que hay dentro del amigo la que engendra una conexión en la que nos donamos a nosotros mismos. Los amigos no comparten un objeto, sino que se comparten a sí mismos. En la imperfecta, en cambio, no estamos ante una pareja de elementos, sino ante un trío, y en la vida, como en la cama, hay momentos para todo. Será, por tanto, este tercer miembro quien defina la relación.

Aristóteles cataloga dos tipos de amistades imperfectas en función del bien que une a los amigos: el placer y la utilidad. Dos se unen cuando disfrutan haciendo algo juntos y, claro está, la relación concluye el día que uno de los dos se aburre. La amistad que compartimos con los colegas con los que salimos de fiesta, vemos los partidos de fútbol o vamos a clase de pilates, depende, inevitablemente, del placer que nos reportan estas actividades, y tiene como fecha de caducidad el día en que estos dejen de acompañarlas. Si ya no me apetece ir más a pilates y dejo de aparecer por clase, lo más probable es que la relación con los amigos que allí tenía se vaya disolviendo poco a poco. Al principio, puede que quede de vez en cuando para vernos y «mantener la amistad», pero, necesariamente, al desaparecer el tercer elemento, el pilates en este caso, los ladrillos sin argamasa se terminarán separando definitivamente. Pero nada hay de malo en ello. Nadie ha de sentirse culpable, si entendemos con claridad cuál era el tipo de relación que estábamos compartiendo.

Los problemas vienen cuando exigimos perfección a unas amistades que, por naturaleza, son imperfectas. Pero si somos conscientes del tipo de ligazón que teníamos con el otro, solo queda agradecer lo vivido juntos y despedirnos con un honesto y amoroso «que te vaya bonito».

Alguien podría encajar las amistades con derecho a roce en la categoría de amistades por placer. No Aristóteles, que, como vimos, cree que cuando dos amigos se acuestan juntos traspasan los limites naturales de la amistad. Pero no es ninguna locura pensar que la actividad que los amigos disfrutan haciendo juntos sea, precisamente, el «acto», y aquí que el lector imagine y concrete a placer.

La amistad por utilidad no debe entenderse de forma peyorativa. No estamos hablando del adulador que quiere sacarnos los cuartos, el falso amigo que nos usa como medio para fines innobles y egoístas, el chaquetero que nos traiciona y que nos la mete doblada cuando consigue lo que andaba subrepticiamente buscando. No hay nada de malo en que dos se usen mutuamente bajo el principio de la reciprocidad: «Te doy para que me des». Lo deshonesto sería, en todo caso, la falta de reciprocidad o que la utilidad no sea explícita y se esconda tras falsas apariencias. Entre este tipo de relaciones podemos catalogar las que mantiene el cliente con su proveedor, los socios de una empresa, los colegas de profesión o los compañeros de trabajo; los buenos, claro está, no el indeseable amargado que nos hace la vida imposible en un entorno laboral compartido. La etimología de *compañero* puede ilustrarnos: el término procede del latín *cumpanis* (*cum* y *panis*), cuya traducción literal es 'con pan' dándole el significado de 'los que comen de un mismo pan'. Los buenos compañeros son, por tanto, los que «hacen buenas migas», modismo que proviene de cuando los pastores trashumantes se juntaban para comer juntos aportando cada uno algún ingrediente para ese rico plato. Es la relación laboral y los bienes del trabajo lo que une a este tipo de amigos. Pero aquí ocurre como en el pilates, es muy difícil mantener el vínculo, por fuerte que este haya sido, si cambiamos de actividad laboral. Cuando uno cambia de trabajo, por mucho que se esfuerce en quedar con los antiguos compañeros, lo cierto es que nada es ya como antes, al menos en su misma naturaleza. De poco sirve esforzarse en seguir siendo compañeros cuando ya no se comparte el mismo pan.

Propongo una pregunta sencilla para comprobar a qué tipo de categoría pertenecen nuestros amigos: imagínate que tuvieras que mudarte de ciudad y cambiar de empleo, imagínate incluso que tienes que emigrar a otro país: ¿cuántos de los vínculos que hoy aparentan ser tan fuertes se disolverían como azucarillos en el café y cuántos superarían la prueba permaneciendo inalterables?

LA PARADOJA DE LA AMISTAD

Según cuenta el historiador griego Diógenes Laercio, Aristóteles concluyó su curso sobre la amistad formulando una extraña paradoja que dejó perplejos a todos. Pongámonos en situación. Imaginemos al viejo sabio en los jardines de su escuela, rodeado de sus discípulos y amigos, atusándose la canosa y suave barba, permaneciendo en silencio, mientras medita las palabras con las que concluir las investigaciones sobre la amistad que han ocupado a los presentes durante varias jornadas. Todos clavan sus ojos en el maestro a quien aman y admiran. Los más jóvenes se impacientan y se revuelven en su sitio. Los escribas se preparan para inscribir la voz del filósofo en los anales de la historia. Aristóteles abre los ojos, sonríe dulcemente, repasa con su mirada los rostros de cada uno de sus amigos, para terminar pronunciando este enigmático y desconcertante enunciado:

¡Oh, amigos, no hay amigos!

¿Qué narices quiso decir el sabio y cómo es posible que el padre de la lógica pudiese contradecirse de tal manera? ¿Por qué finalizó su curso sobre la amistad espetándole a sus propios amigos que la amistad no existe?

Disponemos, a falta de una, de dos explicaciones. La primera de ellas incide en el hecho de que posiblemente estemos ante un error de traducción, ya que la confusión en una palabra cambia radicalmente su significado. Así, parece ser que lo que realmente dijo Aristóteles fue: «El que tiene muchos amigos, no tiene amigos». Esto sí que parece coherente con el resto del pensamiento del filósofo. Según se definió la amistad, como una relación de semejanza, reciprocidad y confianza, es una ingenua imbecilidad cantar que se desea tener «un millón de amigos», como hacía Roberto Carlos, o los cinco mil de Instagram. La naturaleza de la amistad exige un número muy pequeño. El que es amigo de todo el mundo, no es amigo de nadie. La segunda hipótesis nos invita a asumir la paradoja y entender las palabras del viejo sabio como una lección de profunda madurez que se ha de meditar en silencio. Aristóteles nos estaría avisando de que, si idealizamos la amistad, nuestras relaciones reales nos parecerán un fraude y nos sentiremos culpables por no ser capaces de alcanzar el ideal. Quizá lo que dijo Aristóteles fue: «Oh, amigos, la amistad perfecta no existe, es tan solo una idea regulativa, como la utopía en política, como la estrella polar para el navegante, una referencia ética para nuestras relaciones, un punto cardinal hacia el que orientar nuestras brújulas existenciales». Así que mucho ojo con pretender una amistad perfecta entre dos seres imperfectos, un amor infinito entre dos seres finitos. No vaya a ser que, por amar lo que imaginamos, no amemos lo que vemos.

NIETZSCHE: UNA AMISTAD PARA ESPÍRITUS LIBRES

En *Humano, demasiado humano,* Friedrich Nietzsche reflexiona sobre la amistad a partir de la anécdota de Diógenes

Laercio sobre Aristóteles. El párrafo 376 es pura dinamita y en él, Nietzsche, en coherencia con su filosofía, emprende una demoledora crítica contra el concepto clásico de amistad. Nuestra cultura, seamos conscientes o no de ello, nos impone un ideal de amigo infectado de moral cristiana, contrario a las fuerzas vitales, cargado de autosacrificio, mortificación, culpabilidad y amargura, destructor de nuestra individualidad y forjado a partir de prejuicios falsos e inaceptables que deben ser cuestionados para preparar el camino a nuevas y más bellas formas de amistad entre humanos:

Considera tan solo una vez en ti mismo cuán diversos son los sentimientos, cuán varias las opiniones, aun entre tus amistades más íntimas; incluso cuántas opiniones semejantes tienen en la mente de tus amigos una orientación o una fuerza muy otra a la tuya; cuántas miles de veces se presenta la ocasión de entenderse mal, de separarse recíprocamente enemistados. Después de todo esto, te dirás: «¡Qué poco seguro es el terreno sobre el que reposan todas nuestras relaciones y amistades, qué cerca están los fríos chaparrones y el mal tiempo, qué aislado está todo hombre!». Cuando alguien se da cuenta de esto y, además, de que todas las opiniones, tanto su fuerza como su especie, son entre los contemporáneos tan necesarias e irreemplazables como sus acciones, se adquiere penetración para ver esta necesidad íntima de las opiniones surgir de la intrincada red que forman el carácter, la ocupación, el talento y el medio ambiente; tal vez pierda pronto la amargura y la aspereza de sentimiento con que aquel sabio escribía: «¡Amigos, no hay amigos!». Se hará más bien esta confesión: sí, hay amigos, pero es el error, la ilusión lo que les lleva a ti; y les fue preciso aprender a callarse, para quedar amigos; pues casi siempre tales relaciones humanas se basan en que jamás se dirán ciertas cosas, incluso en que no se rozarán nunca; sin embargo, estas piedras se echan a rodar, la amistad las sigue detrás y se rompe. ¿Habrá hombres incapaces de sentirse mortalmente heridos, si supiesen lo que sus amigos más fieles piensan de ellos en el fondo? Cuando aprendemos a conocernos a nosotros mismos, a considerar nuestro ser mismo como una esfera móvil de opiniones y de tendencias, y, por tanto, a menospreciarlo un poco, nos ponemos a nuestra vez en la balanza con los demás. Es cierto que tenemos buenas razones para estimar poco a cada uno de los que conocemos, aunque fuesen los más grandes; pero también las tenemos para volver este sentimiento contra nosotros mismos. Así, pues, soportemos unos de otros lo que soportamos de nosotros mismos; tal vez a cada uno le llegará un día la hora más feliz en que exclame:

«¡Amigos, no hay amigos!», exclamó el sabio al morir.

«¡Enemigos, no hay enemigos!», exclamo yo, el necio viviente.

Aristóteles representa una filosofía que se muere porque es incapaz de explicar los nuevos fenómenos vitales. La vida de hoy desborda por completo las estancas categorías aristotélicas. Necesitamos nuevos conceptos para entendernos, pero, sobre todo, para vivir plenamente. La nueva amistad que Nietzsche propone no solo sirve para enraizarnos en la existencia, sino también para crecer hacia arriba.

Pero detengámonos primero en la crítica nietzscheana a la idea clásica de amistad para valorar posteriormente su propuesta. Como vimos, Aristóteles señaló la semejanza, la reciprocidad y la confianza como las tres características de la amistad. Pues bien, el alemán arremete contra ellas, las refuta y deconstruye el concepto aristotélico para levantar sobre sus ruinas formas de amistad nunca vistas.

Comencemos con el análisis de la semejanza. Se pregunta Nietzsche: ¿qué estamos diciendo exactamente cuando afirmamos que un amigo es otro yo o que es el espejo de nuestra alma? ¿Quién se asemeja a quién: yo al otro o el otro a mí? ¿No parece necesario que uno de los dos pierda su identidad para que se produzca el amoldamiento? ¿No le estamos pidiendo al otro que deje de ser lo que es para que se convierta en una mera extensión de mí? ¿No se esconde bajo la poética imagen del espejo una relación de poder? Para Nietzsche, siempre que dos personas se encuentran se genera una relación de poder y, por ello, denuncia el filósofo, la semejanza solo se puede conseguir mediante la alienación de la voluntad de uno de los dos. La amistad así entendida camufla un intento de dominación del otro.

La propuesta nietzscheana consiste en darle la vuelta a la tortilla, escapar de esta lógica destructora de la diferencia y definir al amigo no como el semejante, sino como el diferente; no como el prójimo, sino como el lejano. La amistad es el encuentro de los desiguales, de aquellos que reconocen que son iguales solo en diferir. Los amigos no se exigen inmolarse por el otro. Amigo es quien escapa de mis propias pautas, deseos y modos. Ser amigo de alguien implica dejarlo ser él, abandonar todo intento de asimilarlo y convertirlo en mi propiedad. ¿Qué es el amor —se pregunta Nietzsche—, sino comprender y alegrarse de que otro viva, actúe y sienta de manera diferente y opuesta a la nuestra? La amistad, por tanto, no genera ni síntesis ni fusión alguna, es un choque y entrecruzamiento de fuerzas y, para que el amor supere con alegría los antagonismos, no debería ni suprimirlos ni negarlos. Nos une el deseo mutuo de asimilarnos, de no obligarnos a dejar de ser quien somos, de no exigirnos ser el otro yo del otro.

Deconstruyamos ahora la supuesta reciprocidad. Entender así la amistad es degradarla a una relación comercial y entender la vida como un mercado. Para que exista reciprocidad debe haber un justo intercambio, y para ello es necesaria una equivalencia de las mercancías que debe ser medida y contrapesada en todo momento. Pero esto nada tiene que ver con la amistad, porque ella es don gratuito. La amistad es la desmesura de un amor que se dona a sí mismo por entero y que no espera ser justamente recompensado. La amistad es regalo, dádiva, ofrenda, obsequio, gracia; y no mercancía, producto, clientela, negocio, especulación ni compraventa. No puede haber intercambio económico cuando lo que se dona es la propia persona, ya que esta no tiene precio alguno.

Por último, la confianza de la que habla Aristóteles solo puede basarse en un mutuo conocimiento que, o es imposible o, si lo fuese, imposibilitaría cualquier amistad. ¿Se puede conocer realmente a otra persona? Somos un misterio para nosotros mismos, el autoconocimiento es un reto para los más sabios y, en cambio, nos atrevemos a decir que conocemos al otro. Quizá la amistad se funde precisamente en la mutua ignorancia: ¿seguirían siendo nuestros amigos si conociesen realmente cómo somos? No hay que ver en ello pesimismo, todo lo contrario, ya que Nietzsche propone, frente a la compasión cristiana, la jovialidad como el sentimiento capaz de unirnos en verdadera amistad. No es amigo quien se compadece ante mis desgracias, sino quien se alegra en mis alegrías. Quien compadece se coloca en una posición superior que debemos rechazar si queremos disfrutar de un espíritu libre. Quien se alegra con nosotros nos eleva. El amigo no es un compañero de desgracias, sino de gozo. El talente existencial de la amistad es el buen humor, la vivacidad, el optimismo, el entusiasmo, la risa. Los amigos no están para que les cuentes tus mierdas, sino para que les inundes con tu alegría. Por tanto, si el encuentro con el amigo nos pone de mal humor, quizá va siendo hora de partir. Porque las amistades son encuentros pasajeros. Frente al hermano, del que uno no se desprende en la vida, Nietzsche propone la imagen de los pájaros solitarios que se unen temporalmente en bandadas para volar juntos hacia el cielo.

Para Nietzsche, la amistad tiene las mismas fuentes fisiológicas que el amor, llegando a considerarla como una extensión de este y el ingrediente que sostiene una buena pareja. Dos amantes pueden sobrevivir sin amor, pero no sin amistad. La ausencia de ella, no la de amor, es lo que hace infeliz a las parejas. Lo afrodisiaco es pasajero, mientras que la amistad es más duradera.

La filosofía vitalista de Nietzsche nos propone una visión creativa de la existencia. Debemos enfrentarnos a nuestras vidas como el artista lo hace al lienzo en blanco o al bloque de piedra. El verdadero artista no pinta siguiendo el modelo de otro, sino que se convierte en modelo de sí mismo. No viaja por los caminos trillados, sino que explora nuevas vías. Con este talente creador debemos engendrar estilos de vida inéditos que afirmen nuestra individualidad y que no la diluyan en una masa o rebaño. Cada sujeto se constituye en su propio artista, en su escultor, cuya materia prima es él mismo, siendo su herramienta de trabajo la vida misma. Hay que atreverse a dejar de ser un artesano, un mero reproductor de obras idénticas con fines comerciales, para convertirse en artista, creador de una obra única con fin estético y de expresión de sentimientos e ideas personales. Hay que apostar por crear estilos de vida particulares que sean leales con uno mismo, con nuestra verdadera identidad, con nuestros sentimientos e ideas más profundos. Ya está bien de sacrificar nuestra individualidad en el altar de la normalidad. Debemos tener el coraje de ser nosotros en un mundo que nos quiere igualar cercenando aquellas diferencias que constituyen la esencia de nuestra identidad. Seamos enemigos de la masa y amigos de nosotros mismos. Una existencia estética exige una revisión crítica de toda tradición moral que impide este estilo de vida.

En consecuencia, si las viejas categorías de la amistad y del amor no encajan con nuestros sentimientos y vivencias personales, lo que tendríamos que modificar es lo primero, no lo segundo. No tengamos miedo a explorar caminos no trillados en el terreno de las relaciones y los vínculos con los demás. No hay ningún Dios que haya establecido cómo debemos amarnos y festejar la vida. Disponemos de una infinita libertad creadora para ser el tipo de amigos que queramos ser. Establezcamos nosotros mismos las reglas del juego. Si queremos encamarnos, hagámoslo, sin culpabilidades ni normatividades. Y si no queremos retozar, no lo hagamos, aunque sea una moda. No permitamos que otros nos impongan su moral y nos digan cómo debemos vivir nuestra amistad. La única regla es que las reglas que inventemos respeten la individualidad de cada uno cuando estemos en compañía.

Tomemos como ejemplo el niño que asume la vida como un juego. El niño es la viva imagen de un espíritu libre con el que el ser humano alcanza su máxima expresión y se desencadena de toda atadura. En el niño no hay pecado, ni culpa; todo es inocencia y olvido, un nuevo comienzo, un juego, una rueda que se mueve por sí misma, un primer movimiento, un santo decir sí. El niño se desprende de toda carga pasada y crea sus propios valores con los que juzgar su existencia. Se construye y se destruye a voluntad. El niño levanta un castillo con arena y, cuando se cansa, lo rompe para crear algo nuevo. ¿Qué hace un niño cuando se siente libre, sin la vigilancia de ningún adulto que le reprenda o le premie? Simplemente juega. El niño, antes de ser domesticado por el adulto, se inventa sus propios juegos y normas y, cuando se aburre, abandona sin más miramiento, y se pone con otra cosa. Cuando el juego ya no le llena, el niño lo deja, aunque lo tenga a medias, y comienza algo distinto, sin mirar hacia atrás, sin remordimiento, con ilusión y convicción. Jugar nos hace vivir en plenitud, gozar de la existencia y bailar como si no hubiese mañana. Juguemos pues con la vida, con los demás y con nosotros mismos. Inventemos nuevas relaciones, nuevos amores, nuevas amistades. Vivamos el amor más allá de la monogamia y el matrimonio, y la amistad más allá del altruismo y la castidad cristianos. Exploremos esquemas nuevos y no normativos, no hay delito en ello. La única falta es no atreverse por miedo a qué dirán las masas.

El filósofo argentino Darío Sztajnszrajber es un buen amigo de Nietzsche y, en sintonía con él, nos propone aprovechar la crisis cultural que está destruyendo la forma tradicional de entender la familia, la pareja y la amistad para vivir un post-amor. El post nos invita a adentrarnos en una zona de incertidumbre en la que no se sustituyen unas instituciones por otras, en la que no se sale de un lugar para entrar en otro, sino que por fin se ha entendido que en el amor hay que estar permanentemente saliendo, para que ningún lugar se totalice o se vuelva absoluto. Ni la familia ni la pareja ni la amistad son productos divinos que no puedan ni deban ser cuestionados; son creaciones humanas y, como tales, están sujetas a la historia, al cambio y al devenir. Dejemos de pensar, y vivir, el amor en relación con una norma. No se trata de cuestionar una estructura desde otra mejor, sino de cuestionar la idea misma de estructura.

Algunos puede que piensen que una ética así nos convierte en personas amorales, capaces de justificar cualquier perversidad. Pero ¿qué significa realmente ser malo y, sobre todo, por qué no serlo, cuando a los supuestos malvados les va tan bien en este mundo y los supuestos buenos parecen tan desgraciados? Esta pregunta merece su propio #FiloReto.

¿POR QUÉ ~~NO SER~~ UN CABRÓN?

Platón, Thomas Hobbes, Trasímaco, Sade,
Thomas de Quincey, Sócrates, Schopenhauer,
Kant, John Stuart Mill, John Rawls, Karl-Otto Apel,
Jürgen Habermas

Imagina que estás solo en el vagón de un tren. Frente a ti se sienta un extraño con quien comienzas a conversar. Es un tipo afable y chistoso. Comenzáis contándoos vuestras vidas y termináis hablando de esa persona que os amarga la existencia, a quien odiáis profundamente y a quien os gustaría que el demonio se la llevase al círculo más profundo del infierno. Él, medio en broma medio en serio, inclina su cuerpo hacia ti, te mira directamente a los ojos y te hace la siguiente propuesta:

¿Qué importa una vida o dos? Hay gente que está mejor muerta. Por ejemplo, las dos personas de las que estamos hablando... Esto me recuerda a una idea estupenda que tuve una vez —dice tu compañero de viaje mientras suspira y vuelve su mirada hacia un perturbador infinito—. Me dormía todas las noches pensando en ella. Era algo perfecto... Digamos que usted quiere deshacerse de esa persona. Aunque usted tenga buenas razones, seguro que le da miedo matarla. ¿Sabe por qué? Le detendrían. ¿Y qué le delataría? El móvil. Esta es mi idea: dos extraños se conocen por casualidad, como nosotros. No hay ninguna relación entre ellos, nunca se habían visto. Cada uno tiene una persona de la que quiere librarse y deciden intercambiar las muertes. Cada uno mata al que estorba al otro; nunca podrán relacionarlos. Cada uno habrá matado a un desconocido y cada uno tendrá una coartada indestructible. Usted comete mi crimen y yo el suyo. ¿Qué le parece mi proposición?

Este es el inquietante inicio de *Extraños en un tren*, la genial novela de Patricia Highsmith que fue adaptada al cine en 1951 por Alfred Hitchcock, quien compró los derechos a la semana de la publicación del libro. La premisa de la que parte la autora es que cualquier persona es capaz de asesinar. Tú también. Es una cuestión de circunstancias. Pero ¿es realmente así? ¿Qué razones tenemos para no hacer el mal cuando la impunidad está garantizada? ¿Qué razones existen para ser buenos?

Si eres demasiado escrupuloso, y no te atreves a empuñar un arma homicida, disponemos de una versión de este #FiloReto para meapilas y remilgados que diseñó Woody Allen en su película *Delitos y faltas*: el doctor Judah Rosenthal, un prestigioso oftalmólogo con una gran reputación y una familia a la que adora, guarda un secreto: tiene una amante. Todo transcurre bien hasta que el doctor decide finalizar su relación extraconyugal. Entonces su amante le amenaza con destruir a su familia y contárselo todo a su mujer. Judah tiene miedo y se lo cuenta a su hermano Jack, quien tiene relación con el crimen organizado. Jack se ofrece para hacer que el «problema» desaparezca. Judah no se manchará las manos de sangre, ni siquiera sabrá el cómo, quién y cuándo. Solo tiene que decir sí. ¿Es nuestro mundo cruel y vacío de valores? ¿Cómo si no entender los numerosos, continuos e incesantes casos de corrupción? ¿Qué nos diferencia del corrupto? ¿No es la sensación, cierta o no, de impunidad la verdadera causa de la corrupción? ¿Estamos seguros de que haríamos algo distinto en sus mismas circunstancias? ¿Somos tan justos como nos creemos?

El Señor de los Anillos

En *La República* de Platón asistimos a un apasionante debate sobre qué es la justicia y quién puede ser considerada una persona justa. En ese contexto, el filósofo Glaucón narra la famosa historia del anillo de Giges. El rey de Lidia, Giges, tiene un anillo mágico que otorga un gran poder a su dueño: lo vuelve invisible con solo girarlo. Quien lo posea podría matar, robar y trasgredir cualquier ley con toda impunidad porque nadie lo ve. ¿Qué ocurriría —pregunta Glaucón— si tuviéramos dos anillos como el de Giges y le diéramos uno a un hombre justo y otro a uno injusto? ¿Seguiría habiendo diferencia en su obrar o el justo se volvería injusto? Glaucón cree que el justo se quedaría sin motivos para seguir actuando bien, ya que la única razón que tenemos para hacerlo es el temor al castigo, el miedo a la opinión de los demás, la fobia a ver mancillada nuestra reputación. Por tanto, concluye Glaucón, el hombre justo es realmente un cobarde y un hipócrita; el injusto honesto y valiente, con los arrestos para hacer lo que el justo quiere, pero no puede. Si Glaucón está en lo cierto, la verdad es muy triste: a nadie le importa un comino ni la justicia ni el bien de los demás, lo único que nos disuade de cometer una inmoralidad es el miedo a la cárcel, a la multa o a la vergüenza social. En estos términos tan cínicos se expresa Glaucón:

> Y para demostrarte que nadie respeta la justicia, si no es a la fuerza, cuando siente que no puede violarla, hagamos una suposición. Demos a todas las personas, sean justas o

injustas, el poder de hacer cada una todo lo que quiera; y sigámoslas y veamos a dónde les lleva a cada una la pasión... Enseguida sorprenderíamos a la persona que era justa siguiendo el mismo camino que la que ya era injusta desde antes: ambas se verían igualmente arrastradas por el deseo de adquirir siempre más y más cosas, que no es más que una inclinación natural, y por tanto buena en sí misma, pero que la ley reprime y limita por la fuerza, por respeto a la igualdad.

Thomas Hobbes compartía la misma idea de Glaucón. Según el filósofo inglés no hay persona buena en este asqueroso mundo y solo el temor a un duro castigo puede mantener civilizada a la mala bestia que todos llevamos dentro. Piensa Hobbes que, aunque, en el fondo, todos tenemos la misma opinión, solo algunos se atreven a proclamarla públicamente:

Puede parecer extraño que la Naturaleza enfrente a los hombres y los haga capaces de destruirse e invadirse mutuamente; y puede ocurrir que, no confiando en esta deducción basada en las pasiones, desee, acaso, confirmarla en la experiencia. Haced pues, que se considere a sí mismo; cuando se arma y trata de ir bien acompañado al emprender un viaje, cuando atranca sus puertas al irse a dormir, cuando echa el cerrojo a sus arcones incluso dentro de su propia casa, y todo esto sabiendo que existen leyes y funcionarios públicos armados para reparar todo daño que le puedan hacer. ¿Qué opinión tiene de sus conciudadanos cuando viaja armado? ¿Qué opinión tiene de sus vecinos cuando tranca las puertas? ¿Qué opinión de sus hijos y sus sirvientes cuando cierra con llave sus arcas? ¿No es esto acusar a la Humanidad con actos como yo lo hago con palabras?

Los que opinan en otro sentido son unos hipócritas, porque si fueran coherentes con su tesis de que hay buena gente en este mundo, dejarían las puertas de sus casas abiertas o el móvil encima de la mesa cuando van al baño. En esta misma línea se atrinchera Trasímaco de Calcedonia, uno de los más conocidos representantes de la sofística, un movimiento cultural que revolucionó la vida de las primeras democracias griegas. Este sofista pasó a los anales de la historia por su famosa sentencia: «La traición nunca prospera. ¿Por qué? Porque si prospera ya nadie la llamará traición». La justicia real, la fáctica, no las ensoñaciones románticas de los inocentes bobalicones, sino la que habita en nuestro mundo, es la ley, y esta tan solo es la expresión de lo que conviene al poderoso. Quien detenta el poder no necesita normas, ya que tiene la fuerza. La ley, las normas y los códigos morales son para los débiles.

Lo que Trasímaco plantea es la inexistencia de una idea de justicia universal y absoluta a partir de la cual los legisladores promulgan sus leyes y los jueces juzgan los actos. No existe un concepto de lo bueno y lo malo, lo correcto y lo incorrecto, lo moral y lo inmoral previo a la ley, sino que sucede a la inversa: es la ley la que determina qué es lo que está bien y lo que está mal. Y la ley es elaborada en todo tiempo y lugar por el poder para protegerse y legitimarse. Tener el poder significa poseer la capacidad para determinar qué es bueno y qué es malo, qué se puede hacer y qué no, pero no de acuerdo con un arquetipo de justicia o con la voluntad de Dios, sino a lo que privadamente le beneficia. El poderoso elabora la ley para favorecer sus intereses. Pero si el débil tuviera la fuerza suficiente, actuaría de igual manera. La virtud es poder. Todo lo demás es cuento o hipocresía. Si se puede hacer, se debe hacer.

Calicles, un poderoso ciudadano ateniense cercano al círculo de los sofistas, le dio una vuelta de tuerca al argumento de Trasímaco: leyes como las que prohíben el asesinato son la expresión de la moral de los débiles impuesta a los fuertes porque el vulgo siempre será mayoría. No existe la justicia; esta solo es una convención social creada por el populacho. Los débiles valiéndose de la educación se apoderan de los fuertes desde su más tierna edad, como si fueran unas crías de león que hay que domar, y los modelan a fuerza de encantamientos, hasta hacerles creer que todos somos iguales en dignidad, que los justo es respetar al otro, que la violencia es mala, que se debe perdonar y todas esas mierdas.

Pero el fuerte debería recordar que la única ley real y auténtica no es la que crean los hombres, sino la que impone la naturaleza y que podemos contemplar en el reino animal y en la propia historia: la del dominio del más fuerte. Por ello, lo naturalmente justo es que prevalezca la voluntad del más fuerte sobre la de los débiles y que este tenga siempre más que los otros. El hombre mejor, es decir, el más fuerte, debe regirse por sus propios valores y no debe preocuparse por las normas sociales de la mayoría. La única regla que debe respetar es la que le impone la naturaleza por medio del deseo y el apetito. Su propio placer es su principio moral, su único soberano y juez. Por eso, la única destreza que merece ser llamada «virtud» es tener la fuerza para hacer lo que a uno le plazca. Cuando las leyes de la ciudad reprimen la voluntad del hombre fuerte, este las trasgrede sin miramiento porque nada hay más deshonroso que doblegarse a la voluntad de otros.

Para Sócrates el experimento mental de Glaucón solo demuestra que aquella persona que considerábamos justa era realmente un farsante. Aunque no prueba en ningún caso que todos los hombres seamos unas alimañas temibles dispuestas a dañar a nuestros semejantes si las circunstancias lo permiten. Precisamente, la persona justa sería aquella que seguiría comportándose de igual manera aun cuando se le garantizase la impunidad. El anillo de Giges pone de manifiesto la fragilidad del alma humana, pero, también, su capacidad para elevarse. En nuestro interior cohabitan fuerzas antagónicas: un impulso animal que busca satisfacer, a cualquier precio, toda clase de apetitos y deseos, algunos de ellos muy oscuros y siniestros; y la capacidad racional para domar esa pasión, abandonar la bestialidad y ennoblecer el alma. El anillo nos desvela que la justicia no es la ciega obediencia a la ley, sino una virtud que toda persona puede desarrollar mediante una correcta educación ética.

Pero ¿qué razones hay para actuar así? ¿Por qué ser justo cuando en este mundo parece que lo que sale a cuenta es ser un hijo de mala madre? ¿Por qué tomar el encrespado, sufrido y duro camino hacia la virtud y no el corto, sencillo y gozoso camino del vicio?

UNA VERSIÓN SÁDICA DE *TÚ A BOSTON Y YO A CALIFORNIA*

Donatien Alphonse François de Sade, más conocido en la lista de los libros prohibidos por su título nobiliario de marqués de Sade, nos obliga a reflexionar sobre este asunto con la historia de las hermanas Justine y Juliette, de doce y quince años, respectivamente, hijas de un rico banquero de París que, al quedar en quiebra, decide suicidarse. Al poco tiempo, al morir también su madre, las hermanas quedan desamparadas. Cuando los parientes descubren que la herencia que les queda es poca cosa, abandonan las niñas a su suerte. Las respetadísimas monjas del colegio en el que estudian, uno de los mejores de París, les dan un ultimátum de veinticuatro horas para abandonarlo. Una vez en la calle, las hermanas se separan y toman caminos opuestos: Justine hará lo imposible por permanecer firme en la virtud y en los principios de la moral cristiana a pesar de las adversidades; Juliette, en cambio, no tendrá el menor reparo en abandonarse al vicio y vender su cuerpo y su alma al mejor postor, si con ello prospera en la vida.

Justine o los infortunios de la virtud, escrita en 1787, narra la dolorosa vida de la hermana que decide ser buena a pesar de todo y ganarse honradamente la vida. Sin embargo, en lugar de ser recompensada, sufre la crueldad de todos aquellos con los que se topa en el camino. Justine es engañada, abusada, violada y maltratada, una y otra vez, por cada persona con la que se cruza. Cada vez que se libra de uno, se encuentra a otro peor. Entre humanos no hay lugar para la honradez, no hay recompensa para la virtud, el horror es lo único que se intensifica con el pasar del tiempo. En nuestra sociedad, ser bueno resulta demasiado caro, mientras que al cabrón siempre le va bien y encuentra en los demás complicidad, aplauso y reconocimiento. La pobre Justine se termina preguntando:

> ¿Bajo qué fatal estrella tengo que haber nacido para que me resulte imposible concebir un solo sentimiento de virtud que no sea inmediatamente seguido por un diluvio de males, y cómo es posible que esta ilustre providencia, cuya justicia me gozo en adorar, al castigarme por mis virtudes, me haya ofrecido al mismo tiempo la visión de quienes me aplastaban con sus vicios en la cúspide?

Juliette o las prosperidades del vicio, publicada en 1796, narra la historia de ascenso de la otra hermana, quien termina amasando una gran fortuna y ocupando un lugar de renombre en la sociedad. Frente a su hermana Justine, inclinada naturalmente a la virtud, Juliette fue una niña de sexualidad muy precoz y amante del vicio. Cuando estaba interna en el colegio, la pillaron disfrutando de los placeres carnales con una compañera, y, al ser llevada ante la madre superiora, en lugar de recibir un castigo ejemplar, fue premiada con una clase magistral sobre artes amatorias, ateísmo avanzado, inmoralidad, cultivo del instinto como único bien y técnicas de hipocresía para triunfar en sociedad. Juliette se convierte en la discípula predilecta de la abadesa, quien ve en ella un talento especial para la inmoralidad. Cuando las hermanas quedan huérfanas, la madre superiora le sugiere que, dado el amplio conocimiento en artes eróticas que ha adquirido, ejerza como cortesana; ya que las probabilidades de triunfar en el sector y escalar socialmente son muy altas. Juliette le propone a Justine que la siga, pero esta, como sabemos, decide permanecer en la virtud y tomar un camino opuesto. La disyuntiva moral separa a las hermanas en un definitivo adiós. Mientras Justine desciende a los infiernos mundanos, Juliette, en el burdel, sube como la espuma del champán, intima con la flor y nata de la sociedad y encuentra a su alma gemela, Noirceuil, un perverso libertino que le confiesa haber sido el amante de su madre y el asesino de su padre. Juliette, lejos de odiarlo y rechazarlo, se excita apasionadamente y lo toma como amante y mentor. Noirceuil le augura que, si persevera por este buen camino y demuestra su eficiencia en las artes del vicio, llegará a ser una de las mujeres más ricas y poderosas de Francia. Juliette abandona el burdel y se marcha a vivir con Noirceuil. En este punto de la historia, hacemos un extenso *flash-forward*, no tanto por ahorrarle orgiásticos *spoilers* a nuestro respetado lector, sino porque el autor quiere eludir, a toda costa, a los «ofendiditos» que promueven la cultura de la cancelación y que son más pesados que un anuncio de YouTube. Al final de la obra, Juliette, que atesora una gran fortuna y dispone de suficiente poder como para hacer impunemente lo que le plazca, pide al lector que la compare con su hermana y que reflexione sobre la doble moral de nuestra sociedad, que enaltece las virtudes de puertas para afuera, mientras por dentro quien reina son el vicio, la corrupción y el libertinaje:

Levanto mis ojos sobre el universo, veo el mal, el desorden y el crimen reinar por todas partes en déspotas [...] Que lo que nosotros llamamos impropiamente el mal no lo es realmente [...] existe un Dios; una mano cualquiera ha creado necesariamente todo lo que veo, pero no lo ha creado más que para el mal, solo se complace en el mal, el mal es su esencia y todo el mal que nos hace cometer es indispensable para sus planes [...] No lo dudemos, el mal, o al menos lo que nombramos así, es absolutamente útil para la organización viciosa de este triste universo. El Dios que lo ha formado es un ser vengativo, muy bárbaro, muy malvado, muy injusto, muy cruel, y esto porque la venganza, la barbarie, la maldad, la iniquidad, lo criminal, son formas necesarias para los resortes de esta vasta obra y de las que solo nos quejamos cuando nos hacen daño: pacientes, el crimen se equivoca; agentes, tiene razón [...] ¿Qué será, me diréis, del ser bueno? Pero no existe ser bueno; el que llamáis virtuoso no es bueno, o si lo es ante vosotros, no lo es, seguramente, ante Dios, que solamente es el mal, que no quiere más que el mal y que no exige más que el mal. El hombre del que habláis solo es débil [...] Cuantos más vicios y fechorías haya manifestado el hombre en este mundo, más cerca estará de su invariable fin, que es la maldad; por lo tanto, que el hombre se abstenga de la virtud, si no quiere verse enfrentado a males terribles.

Podría parecer que estas palabras de Sade en boca de Juliette están cargadas de cinismo. Pero habría que recordar que la esencia que distingue a los personajes del marqués frente a las personas de carne y hueso es su honestidad: dicen y hacen abiertamente lo que piensan. ¿Será esta franqueza, y no sus depravaciones, la que nos escandaliza? Habría que recordar que, en la sociedad francesa en que vivió el marqués, la nobleza podía matar, torturar y violar a placer, mientras se fuese discreto, no se generase un gran escándalo y las víctimas fuesen pobres desgraciados —si uno tiene estómago para conocer la realidad que se esconde tras la ficción *Sonido de libertad*, el filme de 2023 de Alejandro Monteverde, puede que descubra que nuestra sociedad, moralmente, no ha cambiado tanto, y que sus bajos fondos siguen estando igual de sucios y pestilentes—. Simone de Beauvoir interpretó que, posiblemente, Sade tuviera cierto grado de autismo, lo que explicaría tanto su repulsión hacia la disonancia entre lo que la gente dice, hace y piensa, como la brutal franqueza de su carácter.

La literatura de Sade pretende refutar la moral farisaica. El marqués considera que ningún deseo, por oscuro y siniestro que sea, es malo. En todo caso, la cuestión será cómo encontrar la manera de que todas esas tendencias instintivas se armonicen, dialoguen y lleguen a cierta convivencia. ¡Qué bonito sería (para el marqués) que quien tiene deseos de golpear a otro se encuentre con quien goza siendo azotado! Ninguna moralidad absoluta puede ni debe censurarnos. Así lo refleja en un diálogo entre un sacerdote y un moribundo: el sacerdote se postra ante el lecho del hombre que agoniza para llevarle la salvación eterna si este se arrepiente de sus pecados. El moribundo mira al cura con ojos de verdad y le pregunta por qué debe hacer tal cosa si no se arrepiente de nada de lo que ha hecho y reconoce haber gozado en esta vida. Dialogan enfrentando la moral de uno contra el libertinaje del otro, y, al final, el sacerdote se convence de que es absurdo creer en Dios y que el sentido de la vida no es otro más que disfrutar de los placeres carnales. Las disyuntivas que Sade plantea obligan al lector a posicionarse éticamente sin medias tintas ni autoengaños: la corrupción o la virtud. En último término, lo que el marqués hace con sus perversas historias es plantearnos un dilema ético de gran calado: ¿qué debemos elegir: el infortunio de la virtud o la prosperidad del vicio? ¿Qué es mejor? ¿Sufrir siendo justo o disfrutar siendo un corrupto? La literatura de Sade nos coloca ante el espejo en el que se desvela la podredumbre moral de nuestra sociedad para obligarnos a salir de nuestra hipocresía y tomar partido.

El asesinato considerado como una de las bellas artes

«Si uno empieza por permitirse un asesinato, pronto no le da importancia a robar, del robo pasa a la bebida y a la inobservancia del día del Señor, y se acaba por faltar a la buena educación y por dejar las cosas para el día siguiente.» Este es uno de los fragmentos más citados de la genial obra de humor negro *Del asesinato considerado como una de las bellas artes,* escrita por Thomas de Quincey. El libro está compuesto por dos conferencias supuestamente impartidas en un ficticio club de amantes del asesinato y se cierra con una bellísima crónica periodística sobre las fechorías de dos ilustres asesinos ingleses. Thomas de

Quincey invita al lector a no juzgar los crímenes desde un punto de vista ético, sino estético. Pero, inevitablemente, emerge la duda de si se puede valorar estéticamente algo que moralmente repudiamos. El autor considera que, una vez superada la puritana educación moral recibida, y centrándonos en los aspectos puramente escénicos del crimen, es posible valorar la eficacia de la ejecución o la originalidad del plan. Dejando atrás el dichoso asunto del bien y el mal, aspectos como el sujeto asesinado, los instrumentos usados y el tiempo y lugar escogidos son los que determinan la calidad estética de la obra. Pero, antes de lanzarnos a planear nuestro crimen perfecto, debemos tener presente que De Quincey está haciendo un magistral uso de la ironía y el sarcasmo para llevar a cabo una devastadora crítica social. La intención de De Quincey es censurar la morbosa curiosidad que sentimos por conocer los detalles de los sucesos más sórdidos y el velado enaltecimiento que concedemos a los criminales. Escribe De Quincey: «El mundo en general —señores— está sediento de sangre; todo lo que desea en un crimen es que la efusión de la sangre sea copiosa y un despliegue ostentoso basta para satisfacer a la mayoría» y «caballero, voy a decirles la pura verdad. Todos los días del año comenzamos a leer en el periódico la crónica de un asesinato y nos decimos: "¡Esto parece muy bien, es encantador, excelente!"». De Quincey solo le pide al asesinato que tenga arte: «El resultado de nuestro arte, como el de todas las demás artes liberales, es humanizar el corazón». No debemos conformarnos con cualquier espectáculo sangriento; nuestra sensibilidad debe aspirar a un goce estético más elevado.

Si se repasan las películas y las series más populares, quizá se descubra que no hemos cambiado sustancialmente con respecto al lector de periódicos del siglo XIX.

Cada nueva temporada estrenan series de éxito sobre asesinatos reales, sobre psicópatas que llevaron a cabo truculentos crímenes. Cada noche, cuando la luz de nuestro salón y de nuestra conciencia moral se apaga, la intimidad de nuestra casa acoge cuchillos afilados que degüellan gargantas o balas que esparcen los sesos de una víctima, bajo forma de arte. Nuestras pantallas nos ceban con charcos de sangre y enaltecen la impunidad de los criminales. El género *true crime* arrasa y sus producciones se traducen inmediatamente en pingües beneficios económicos. Seamos honestos, se consume muchísima más novela negra que libros de ética. La historia de Jack el Destripador es infinitamente más rentable que la de Sócrates. Que el lector haga la prueba y cuente en cualquier plataforma de *streaming* el número de películas, series, programas y documentales bañados con sangre. ¿Por qué nos atrae la maldad y la violencia? ¿Por qué sentimos placer contemplando la transgresión moral de un tercero? ¿Por qué nos fascinan las personas que violan las normas que nosotros no nos atrevemos a romper? ¿Por qué nuestro interés por conocer las formas más oscuras de humanidad? ¿Será, acaso, porque somos malos y violentos, pero, a la vez, cobardes para realizar nuestros deseos e inclinaciones más auténticos? Aceptémoslo cuanto antes: en potencia todos somos unos criminales.

No todos somos criminales, ni en acto ni en potencia

Aunque el anillo de Giges parezca un mito de escaso valor práctico, más propio de filósofos aburridos que necesitan imaginar situaciones imposibles que de gente corriente a la que le urge solucionar problemas cotidianos, puede que este embrujado instrumento, capaz de refutar toda ética, sea más real de lo que pensamos. La masa funciona como un anillo de Giges real: diluyéndose en ella, el individuo se oculta para realizar crímenes impunemente.

En 1943, William A. Wellman llevó a la gran pantalla uno de los mejores wésterns de la historia del cine: *Incidente en Ox-Bow*. Hoy la cinta duerme en la Biblioteca del Congreso de Estados Unidos por representar un pedazo significativo de nuestra historia. En ella se narra cómo una masa de rufianes y borrachos, enardecida por la sed de sangre, decide tomarse la justicia por su mano y linchar a tres hombres: un honrado padre de familia, un pobre viejo senil y un inmigrante. Pero no todos son iguales. Una minoría elige salirse de la manada y enfrentarse a ella intentando, inútilmente, hacerla entrar en razón. En vano procuran despertar la razón de una turba violenta e intoxicada con efluvios criminales, instintos asesinos y ganas de matar a alguien, sea quien sea. Pero la verdad termina imponiéndose: no han hecho justicia; han asesinado a sangre fría a tres hombres inocentes. Una de las víctimas ha dejado una carta a su familia. Esas manchas de tinta sobre un humilde papel son el espejo moral en el que deberá mirarse el hombre injusto el resto de sus días:

Mi querida esposa:

El señor Davis te contará lo que ha pasado aquí esta noche. Es un hombre bueno y ha hecho todo lo posible por mí. Supongo que hay otros hombres buenos aquí, pero no se dan cuenta de lo que están haciendo. Por ellos es por los que siento lástima, porque dentro de poco habrá terminado para mí; sin embargo, ellos tendrán que recordarlo el resto de sus vidas. Un hombre no puede tomarse la justicia por su propia mano y colgar a gente sin perjudicar a todos los demás, porque entonces no viola una sola ley, sino todas. La ley no solo es unas palabras escritas en un libro, o los jueces, abogados y alguaciles contratados para aplicarla. Es todo lo que la gente ha aprendido sobre la justicia, y lo que está bien y lo que está mal. Es la mismísima conciencia de la humanidad. No puede existir la civilización a menos que la gente tenga una conciencia. Porque si las personas tocan a Dios, ¿cómo lo hacen sino es a través de su conciencia? ¿Y qué es la conciencia de alguien sino más que un pedacito de la conciencia de todos los hombres que han vivido? Supongo que eso es todo, salvo que beses a los niños de mi parte y que Dios los bendiga.

Tu esposo,

DONALD

¿Qué nos queda cuando abandonamos la justicia? Actuar injustamente, ya sea con o sin anillo de impunidad, es dañar la conciencia de la humanidad, destruir el mundo ético de igual respeto y solidaridad para con todos. Las normas y los principios morales son el producto más valioso del progreso civilizador del ser humano. Atesoran una sabiduría, que se ha ido perfeccionando con el pasar de los siglos, sobre las conductas que favorecen la supervivencia y la convivencia humana. Estos socorrieron a nuestros ancestros de la extinción promoviendo la cooperación y evitando el conflicto; hoy, nos orientan, como brújulas existenciales, para cruzar con éxito un angosto mar de nihilismo y relativismo. Por todo esto, Sócrates, cuando su amigo Critón le propuso violar la ley para salvar el pellejo, le respondió:

Considéralo de este modo. Si cuando nosotros estemos a punto de escapar de aquí, o como haya que llamar a esto, vinieran las leyes y la ciudad y, colocándose delante, nos dijeran: «Dime, Sócrates, ¿qué tienes intención de hacer? ¿No es cierto que, por medio de esta acción que intentas, tienes el propósito de destruirnos a nosotras y a toda la ciudad? ¿Te parece a ti que puede existir la ciudad, sin arruinarse, si en ella los juicios que se producen no tienen efecto alguno, sino que son invalidados por particulares y quedan anulados?». ¿Qué vamos a responder, Critón, a estas preguntas y a otras semejantes?

Aun así, parece que tenemos la obligación de ofrecer razones a quien honestamente nos pregunta: «¿Por qué actuar éticamente?». En una época en que la corrupción es el pan nuestro de cada día, ¿por qué comportarnos como es debido? ¿Por qué no mandar a la justicia a freír espárragos y actuar buscando exclusivamente nuestra propia conveniencia? ¿Por qué morales, pero tristes, en lugar de inmorales, pero felices? ¿Por qué obedecer a la moralidad si esta ordena acciones que van contra mis intereses?

Este problema tiene su miga y no es moco de pavo. Arthur Schopenhauer lo expresó bien cuando sobre el asunto escribió que «este es un problema cuya excesiva dificultad se atestigua por el hecho de que no solo los filósofos de todos los tiempos y países han fracasado con él, sino incluso todos los dioses de Oriente y Occidente le deben a él su existencia». Es fácil actuar siguiendo ciertas normas y principios morales; mucho más fácil sermonear a los otros sobre lo que deben hacer; pero es muy difícil fundamentar la moral, es decir, responder convincente a quien pregunta: «¿Y qué si no lo hago? ¿Por qué debería esforzarme en ser bueno?». Pero, a estas alturas del libro, ya no estamos para salir huyendo ante las dificultades, sino que estamos preparados para encarar con valentía cualquier reto filosófico. Tal y como está el mundo, no deberíamos abandonar la defensa de la diferencia entre lo justo y lo injusto, lo bueno y lo malo. Quién sabe, lo mismo en el alma del lector se aloja la respuesta definitiva a este apasionante problema.

UNA PREGUNTA ABSURDA

Algunos filósofos han considerado que preguntar por qué actuar éticamente es tan absurdo como preguntar si es verdadera la afirmación «el actual rey de Francia es calvo». Esta proposición es un sinsentido lógico porque si fuera falsa, su contraria debería ser verdadera; algo que es racionalmente imposible. Que algo se pueda formular lingüísticamente no implica que tenga sentido. Aunque sintácticamente esté bien construida, la frasecita de las narices no significa nada. Pues bien, con la preguntita sobre el fundamento de la moral pasa tres cuartos de lo mismo. Veámoslo.

Es pertinente señalar que este no es un problema ético, sino que la pregunta pretende hacer de la ética un problema; no es una pregunta ética, sino una pregunta sobre la ética. Por eso, la cuestión nos causa cierto desconcierto, ya que la moral es algo que, en principio, se presupone. Tiempo atrás, al finalizar el servicio militar sin haber entrado nunca en combate, se le otorgaba una cartilla al recluta que rezaba: «Valor: se le supone». Con la moral pasa algo parecido. Suponemos la moralidad del ser humano al igual que la virtud marcial del soldado. Si los principios éticos son aquellos que considero como fundamentales y últimos, aquellos con los que justifico todo lo que hago y con los que juzgo todo lo que los demás hacen, aquellos que representan lo que no haría

240

ni por todo el dinero del mundo, sería del todo absurdo cuestionar por qué debería actuar siguiendo tales principios. Otro asunto es que, desgraciadamente, existan personas sin principios, esto es, capaces de hacer cualquier cosa por todo el dinero del mundo o por mucho menos (por cierto, el valor moral de quien se vende es indiferente al precio por el que se vende). Este interrogante es tan contradictorio como aquel que pregunta por qué se quiere la felicidad. Tanto los principios como la felicidad son bienes por sí mismos y no en orden a otra cosa. No son fines que se persigan como medios para alcanzar otros a los que están supeditados. Alguien podría querer hacer ejercicio para bajar su nivel de colesterol en sangre, para con ello estar sano, y estar sano para tener una vida más larga, etc. En este caso, no es absurdo preguntar por qué se quiere hacer ejercicio y la respuesta sería el bien superior que se pretende alcanzar. Pero no tiene ningún sentido preguntar la razón por la cual uno quiere la felicidad o los principios éticos, porque ambos son un bien supremo y un fin último. Es más: la preguntita de las narices presupone la respuesta porque solo un ser moral puede formularla. Solo un sujeto ético puede preguntarse por la ética. Un geranio no puede cuestionarse por qué actuar siguiendo principios morales, por la sencilla razón de que no tiene principios morales. Un geranio no tiene la capacidad para ser incoherente consigo mismo, ni puede transgredir las normas que se autoimpone, por la simple razón de que no puede autodeterminarse. Concluyendo, la pregunta que nos plantea el anillo de Giges no demuestra que la ética carezca de justificación, sino que no necesita justificación; no prueba que no existan razones para ser justos, sino que no se necesitan razones para serlo.

Kant se encaró con la preguntita en *Fundamentación para una metafísica de las costumbres*. Si recordamos que la etimología de moral es precisamente costumbre, el título de la obra ya nos avanza su propósito: desvelar cuáles son los principios de la ética y demostrar por qué debemos respetarlos. Una de las dos cosas de este universo que más causa asombro y admiración en este sabio profesor es la capacidad humana para crear un criterio universal e imparcial con el que abordar y solucionar los problemas comunes sin tener por ello que negar nuestras singularidades. Esta capacidad, no la de producir y consumir tecnología como si no hubiera mañana, es la verdadera causa del progreso social que nos acerca, poco a poco, a un mundo en el que todas las personas actuarían queriendo que su acción sea un ejemplo universal y un ejemplo a seguir por todos y por cualquiera. En esta utopía moral cada persona delibera, juzga y decide acciones por el impacto que estas causan en el universo. Este mundo es, sin duda, un mundo mejor al que cualquier ser racional debería aspirar. Actuar éticamente es actuar racional y razonablemente, porque el que obra siguiendo principios morales está construyendo un lugar más habitable para el ser humano. Si uno fuese una coliflor, sería entendible no demostrar el más mínimo interés por vivir en un mundo mejor para los humanos, pero si uno es un *Homo sapiens,* es irracional no quererlo. El que actúa contra la ética, actúa más como coliflor que como ser racional.

Kant encontró otra razón de peso para respetar nuestras obligaciones morales: aunque a primera vista parezca contradictorio, la única forma de ser libre es someterse a los principios morales. Quien respeta y defiende la ley

moral, respeta y defiende las entrañas mismas de su libertad. Y viceversa, quien la quebranta, se esclaviza. Porque,
al ser esta una norma que nos imponemos a nosotros mismos, que no proviene a ninguna autoridad externa, de
ningún tutor ni confesor, cuando la obedecemos no estamos haciendo otra cosa más que obedecer a nuestra propia voluntad. ¡Qué mayor motivo para ser bueno que negarse a vivir como un esclavo! Aquello que se corrompe
en el corrupto es su estatuto de autonomía, su dignísima
libertad. Ser libre no es hacer lo que a uno le venga en
gana, esto tan solo es dejarse ganar por lo que a uno le
venga. El alcohólico sigue a pies juntillas el dictado de sus
ganas y no parece ser el mejor ejemplo de persona libre;
más que nuestro respeto, merece nuestra compasión. En
este sentido, habría que señalar que en un sistema económico como el actual, que se alimenta de nuestro consumo, el deseo en muy pocas ocasiones es nuestro y debemos reconocer que, la mayoría de las veces, deseamos lo
que otros desean que deseemos. Liberar el deseo no nos
hace más libres, nos embrutece. Por eso, John Stuart Mill,
uno de los filósofos que más ha pensado sobre la libertad,
sentenciaba: «Es mejor ser un hombre insatisfecho que
un cerdo satisfecho; es mejor ser un Sócrates insatisfecho
que un loco satisfecho». Ser libre nada tiene que ver con
la ausencia absoluta de límites, de normas o de gobierno,
sino con conquistar el poder que permite «imponerse»
límites, con autolegislarse para disfrutar del gobierno de
uno mismo. En el hombre libre el deber y el querer coin-
ciden. La moralidad nos hace soberanos absolutos de nuestra alma. Somos, que sepamos, los únicos seres en este
vasto mundo capaces de actuar así. Quien actúa moralmente lo hace porque en nada quiere ver mermada su
dignidad, una forma de vida tan excelsa que es preferible
perder la vida que la forma en la que esta se vive. Actuar

moralmente es atreverse a la osadía de ser libre en un universo en el que todo está determinado.

Los seres humanos podemos llegar a ser morales porque, en mayor o menor medida, somos libres. No se trata solo de cómo debemos actuar ante los demás, sino, sobre todo, de cómo debemos actuar ante nosotros mismos. Y, en esto, el anillo de Giges ni quita ni pone, ya que, aunque nos invisibilice ante los demás, en definitiva, no podemos ser invisibles ante nosotros mismos. Ante la disyuntiva que nos propuso Sade, es posible imaginarse a Kant, con el rostro pintado de azul y con su melena de ilustrado al viento, gritándonos con voz poderosa:

> Actuad moralmente y puede que sufráis. Sed injustos y os irá bien. Un tiempo al menos. Y al morir en vuestro lecho, dentro de muchos años, ¿no estaréis dispuestos a cambiar todos los días desde hoy, por una oportunidad, solo una oportunidad de volver aquí para luchar contra la persona miserable en la que os habéis convertido? Puede que os quiten la vida, pero jamás os quitarán la libertad.

Quien actúa injustamente se daña a sí mismo y a la humanidad en su conjunto, reniega de ella, se aparta de ella, se escinde, se divorcia, se deshumaniza, se embrutece y, con todo ello, corrompe su naturaleza humana. El origen etimológico del verbo *corromper* proviene del latín *corruptio* y significa «hacer pedazos», «romper», «destrozar». Corromper es depravar, echar a perder, pervertir o dañar. En todo acto de corrupción, su ejecutor hace pedazos su integridad, autonomía y dignidad. Pero, además, degrada la relación que le une a los demás seres humanos. El corrupto es un ignorante de sí mismo, no sabe realmente quién es ni qué está haciendo. La grandeza de actuar justamente radica en que el motivo de la acción no se encuentra en el premio o el castigo, sino en las entrañas de un agente libre. Actuar injustamente es negarse a uno mismo, corromper quien uno es, enfermar moralmente. Actuar éticamente nos eleva, porque exige ocupar la posición más alta de este universo. La ética implica un punto de vista universal, el punto de vista de Dios.

En la línea trazada por Kant, el filósofo estadounidense John Rawls piensa que el anillo de Giges, lejos de destruir la moral, podría ser la herramienta definitiva para fundamentarla. La invisibilidad del anillo es la clave para responder a la pregunta «por qué ser justo». Rawls propuso un experimento mental muy parecido al de Glaucón, conocido como el «velo de la ignorancia». La diferencia entre ambos experimentos es que el instrumento mágico de Rawls no solo nos vuelve invisibles ante los demás, sino también, y esta es la clave, ante nosotros mismos. Cree el filósofo estadounidense que el problema de nuestros juicios es que, en muchas ocasiones, confundimos la justicia con nuestros intereses personales o de clase. Por ejemplo, quien nace en el seno de una familia con dinero, es probable que considere que es una injusticia tener que pagar más impuestos que los demás; algo que cambiaría radicalmente si hubiera tenido unos orígenes más humildes. Pero lo justo y lo injusto no puede andar cambiando en función de mi condición económica, raza, sexo o cualquier otra arbitrariedad. Por ello, piensa Rawls, quien actúa moralmente es quien lo hace desde una posición originaria en la que hace lo que hace no por quien es, sino porque considera que es lo que cualquiera debería hacer. El velo de la ignorancia nos obliga a tomar como punto de partida esa posición imparcial que la ética nos exige, ya que quien ignora quien es no puede actuar por interés propio. Actuar así es ser auténticamente libre, y no alguien que cree serlo porque desconoce las causas que lo determinan. Bajo el velo de la ignorancia, nos liberamos de todos nuestros condicionantes, para actuar, por fin, autónomamente. Como Kant, Rawls, que nos quiere libres, no nos dice qué es lo que tenemos que hacer; la única obligación que nos impone es la de pensar por nosotros mismos y la de darnos a nosotros mismos nuestro propio contenido moral.

Inspirándose también en Kant, Karl-Otto Apel y Jürgen Habermas han intentado razonar la moral. Para estos dos autores, la ética se fundamenta en un *a priori*. Lo que quiere decir que no es necesario recurrir a la experiencia para conocer su verdad, ya que negarla implicaría incurrir en una contradicción insalvable. Ese *a priori* es un acuerdo que todos presuponemos cuando discutimos sobre asuntos morales. Quien argumenta con otro sus posiciones éticas está necesariamente presuponiendo que podemos llegar a estar de acuerdo y que podemos llegar a convencernos racionalmente en lugar de a palos. Por la razón contraria, nadie (a no ser que esté mal del tarro) gasta saliva en discutir sobre cuestiones éticas con un perro, ya que presupone que un acuerdo con el animal es imposible. Por tanto, existe una convicción real de que los seres humanos podemos llegar a resolver nuestros conflictos racionalmente, a entender al otro y alcanzar un punto de encuentro. Más allá de los choques, los gritos, los aspavientos, los insultos y las aparentemente eternas discusiones, existe la posibilidad de un acuerdo real. Para ello, los miembros de la comunidad moral deberíamos hacer como los integrantes de la comunidad científica: dejarnos vencer por el mejor argumento. Si la razón todo lo vence, dejémonos vencer por la razón. Actuar éticamente significa dar permiso para que los otros examinen mis convicciones morales y estar dispuesto a modificarlas si se me convence racionalmente de ello. Esta manera de actuar garantiza mi libertad, autonomía y autodeterminación, pero, además, me asiste en mi perfeccionamiento. Quien obra como el científico que deja que sus colegas examinen su trabajo está más cerca de la verdad y más lejos del error, estará siempre más cerca de la justicia y más lejos de la injusticia. Y si la justicia es, como afirmaba Sócrates, la salud de nuestra psique y la injusticia un estado de enfermedad mental, ¿quién es tan estúpido como para preferir la enfermedad a la salud?

Apel y Habermas consideran que, aunque el relativismo sea el signo de nuestro tiempo, no deberíamos resignarnos a él, ya que nos vuelve vagos y cobardes. La anarquía moral no es síntoma de progreso, sino de derrota. Por eso, frente a todo fatalismo y todo pesimismo, debemos seguir actuando moralmente, esto es, convencidos de la posibilidad de alcanzar unas concepciones universales del bien y la justicia. No se trata de tener esperanza, sino convencimiento de la posibilidad de un vínculo moral común entre todos los seres humanos, porque la vida cobra un profundo sentido cuando se vive orientada a fines más amplios que la propia vida.

Queda algo por decir que, aunque no sea mucho, es mucho

Pero quizá todo sea mucho más fácil y no se necesiten alambicados argumentos ni tesis doctorales para justificar por qué uno no debería ser un hijo de mala madre. Quizá la razón más poderosa esté al alcance de un niño de cinco años. Ese mismo niño que cuando se le enseñó, por primera vez, el deber moral nos preguntó: «¿Y qué si no lo hago?».

Peter Singer, al final de su *Ética práctica*, narra la historia de Henry Spira, un hombre corriente nada corriente.

Henry fue un buen hombre. Allí donde estuvo hizo lo que pudo por ayudar a tejer ese vínculo moral común. Fue activista pro derechos civiles, luchó contra la corrupción, impartió clases a los niños más desfavorecidos y batalló para conseguir leyes que protegiesen a los animales del sufrimiento innecesario, entre otras buenas cosas. El señor Spira vivía en un piso pequeño y austero que le servía a la vez de hogar y oficina. Cuando enfermó de cáncer y supo que su final estaba cerca, Peter Singer, quizá como amigo, quizá como filósofo, le preguntó cuál fue su razón para ser una buena persona y dedicar la vida a los demás. La respuesta corriente de este hombre corriente nos eriza la piel a muchos, nos aguijonea el corazón y nos regala el convencimiento para seguir apostando por la ética:

> Supongo que básicamente uno quiere sentir que su vida ha significado algo más que consumir productos y generar basura. Creo que nos gustaría mirar atrás y poder decir que hemos hecho todo lo posible para hacer de este mundo un lugar mejor para otras personas. Se puede entender así: ¿qué mayor motivación puede haber que hacer todo lo humanamente posible para reducir el dolor y el sufrimiento?

Epílogo
Un país sin ética

Luchino Visconti firmó su obra maestra gracias a una adaptación brillante de *El Gatopardo*, la novela de Giuseppe Tomasi di Lampedusa sobre el ocaso de la aristocracia italiana. El relato lo narra Fabrizio Corbera, príncipe de Salina, un noble arruinado y decadente que observa cómo todo lo sólido se desvanece en el aire, cómo el viejo mundo languidece mientras el nuevo se estremece en dolores de parto. El diálogo más inmortal sucede cuando el príncipe de Salina intenta evitar que su sobrino Tancredi se una a los «camisas rojas» de Giuseppe Garibaldi. En el joven sobrino y en el viejo tío se encuentran representadas las dos Italias: una moderna, burguesa y liberal, encarnada en la figura de Víctor Manuel II, primer rey de Italia; y otra feudal, aristócrata y católica, personificada por Francisco II, último rey de las Dos Sicilias. «Si queremos que todo siga como está, es necesario que todo cambie», le revela Tancredi Falconeri a su tío. El viejo príncipe medita sobre el significado de estas palabras porque sabe que, aunque puedan parecer desconcertantes y paradójicas a primera vista, esconden una verdad axiomática. Al final, el príncipe descubre el significado de lo evidente: «Una nueva clase ha venido para gobernar el mundo; fusionarse con ella es la única manera de conservar el poder».

En España, en cuestiones educativas, todo cambia cada quinquenio. Mudamos de ley educativa a un ritmo de cinco años. Cada Gobierno ha impuesto la suya, a veces incluso antes de que la anterior norma se hubiera implementado completamente: LGE, LOECE, LODE, LOGSE, LOPEG, LOCE, LOE, LOMCE, LOMLOE... Pero, como en el país con el que compartimos Mediterráneo, la verdad es paradójica y se esconde tras el velo de las apariencias. En principio, todo parece indicar que estamos incapacitados para alcanzar un pacto educativo. Pero la falta de consenso y las sucesivas reformas son un trampantojo para que todo siga como está. La verdad es que en España, desde hace mucho, existe un acuerdo tácito en materia de educación. La cuestión religiosa, las lenguas cooficiales y la Educación para la Ciudadanía pueden parecer asuntos ideológicos de primer orden que impiden el consenso. Pero no los son, porque, en esencia, el modelo de escuela que promueven las diferentes leyes educativas es el mismo: el propuesto por la Organización para la Cooperación y el Desarrollo Económico (OCDE), el Banco Mundial y la Organización Mundial del Comercio. Estos organismos son los que diseñan los criterios con los que los Estados evalúan el aprendizaje.

El famoso informe del Programa para la Evaluación Internacional de los Estudiantes, conocido como «Informe PISA» (por sus siglas en inglés, Programme for International Student Assessment), que lleva a cabo la OCDE, no se limita a medir, sino que promueve un determinado modelo de educación y orienta todas las reformas educativas a las exigencias del mercado. PISA no mide la enseñanza por los conocimientos adquiridos, sino por las competencias necesarias para ocupar los puestos de trabajo que el sistema productivo demanda. PISA no promueve la formación de ciudadanos cultos, libres y activos, sino productores y consumidores pasivos con capacidad para adaptarse a las necesidades de la economía global. PISA no evalúa una racionalidad crítica con la que entenderse a uno mismo y al mundo, sino una racionalidad técnica, calculadora y burocrática con la que generar los medios más eficaces para satisfacer los fines que dicta el mercado.

Nuestras escuelas han olvidado su origen y su finalidad para terminar convertidas en empresas que venden pasaportes de entrada al mundo laboral. Debemos recordar que fue Jules Ferry quien inventó la escuela pública, gratuita y obligatoria, y que la concibió como una prolongación de la revolución republicana, convencido de que la auténtica democracia no puede existir sin una ciudadanía competente que la sostenga. Con Ferry, la educación del ciudadano se convirtió en un deber de la democracia para con sus jóvenes y en una obligación de estos para con la democracia.

El objetivo de la educación republicana no es formar trabajadores para los mercados, sino ciudadanos cabales, con altos ideales éticos, que hayan desarrollado todas sus capacidades físicas, espirituales e intelectuales para la democracia. De ahí el papel fundamental que tiene la ética para la educación republicana, ya que esta disciplina no solo ayuda a entender quiénes somos, sino que nos muestra las formas más elevadas de humanidad y nos invita a traspasar nuestros propios límites. Es imposible educar las virtudes ciudadanas desde una escuela que, como la nuestra, desprecia la ética y aboga por formar productores de mercancías, competentes laboralmente pero incapaces para ejercer la ciudadanía, sin un mínimo espíritu crítico, sin una conciencia moral autónoma para discernir los valores más elevados y los principios éticos fundamentales, sin gusto estético para emocionarse ante la belleza, la justicia o el bien, y discapacitados para el tipo de diálogo que la democracia exige.

Si el fin de la escuela va a ser tan solo el de formar los perfiles profesionales que demandan las grandes corporaciones, entonces, quizá, debiera de dejar de ser pública, gratuita y obligatoria. Bajo estas premisas pedagógicas sería más lógico que Amazon se pagase la formación de sus futuros trabajadores. Las sucesivas leyes educativas no han hecho otra cosa más que despojar a los jóvenes de la educación ciudadana, para ser instruidos en la capacitación industrial. Se les han arrebatado las artes liberales para condenarlos a las artes serviles, y así, la libertad se ha comenzado a definir como servidumbre voluntaria, la igualdad como mediocridad y la fraternidad como un lastre que te impide avanzar.

En nuestro país la educación ética se encuentra en una constante situación de precariedad. La Ética es la eterna asignatura cuestionada. El «para qué sirve» vuelve una y otra vez, de manera insidiosa, como una mosca veraniega a la que no hay manera de apartar. Aunque la verdad, todo hay que decirlo, la pregunta tiene cierta lógica en una sociedad de productores-consumidores obsesionada con convertirlo todo en mercancía. Para el mercado, lo intangible, como el bien o la justicia, al no tener valor de cambio, no posee ningún valor.

Lo cierto es que las últimas leyes educativas de nuestro país han olvidado la importancia crucial de la ética para la formación del ciudadano y han ido minando progresivamente su peso en la enseñanza obligatoria. El remate final ha sido eliminar la materia de Ética y sustituirla por la de Valores Cívicos y Éticos. Los responsables se escusan afirmando que solo se ha cambiado el nombre de la asignatura, pero que en esencia son lo mismo. ¿No corre el peligro esta asignatura de ser una moral de Estado? ¿Cómo asumirán los estudiantes los valores que todos consideramos necesarios para la convivencia democrática? ¿Cómo conocerán los argumentos éticos que nos mueven a aceptarlos? ¿Cómo debatirán contra aquellas perspectivas que los niegan? ¿Imponer valores sin dar razones no es moralizar, ideologizar, dogmatizar? ¿Una escuela sin ética es una escuela de todos? ¿Cómo piensan formar a una generación de ciudadanos comprometidos con los valores democráticos? ¿Puede uno comprometerse con aquello que desconoce? ¿Piensan sustituir el pensamiento crítico por la retórica emocional? Un ciudadano formado cuestiona el sistema; uno ignorante lo asume.

El currículo de la Educación Secundaria Obligatoria entierra definitivamente la que durante 2.500 años ha sido la disciplina educativa por excelencia por enseñar al ciudadano a pensar y no qué pensar. Pensar por uno mismo parece ser una competencia que ya carece de todo interés en nuestro actual modelo de país. La ética nos permite dialogar con Sócrates, sosegarnos con Epicuro, vencer nuestra naturaleza más animal con los estoicos o identificar las causas del mal y el origen de los totalitarismos con Hannah Arendt, entre otras cosas. Pero todo esto se lo perderán los futuros ciudadanos españoles.

Y debemos ser conscientes de que la alternativa a la ética es la ideología. Como dice Carlos Goñi, la filosofía genera ideas; la ideología las congela. Estamos en tiempos gélidos. Una educación sin ética es inevitablemente una educación ideológica. Es posible impartir Matemáticas, Dibujo o Química en una madrasa afgana, pero no Ética, ya que todo totalitarismo sabe bien que no hay pensamientos peligrosos, sino que pensar es lo peligroso.

Ilustremos esta gélida situación imaginando un posible diálogo entre Sócrates y alguna de nuestras ministras de Educación:

Sócrates, un hombre de mediana edad, bajito, rechoncho y no muy agraciado, solo llevaba unos meses trabajando como camarero de la cafetería del Congreso, pero ya era famoso entre todos los diputados por su mordaz sentido del humor, su buen talante y, especialmente, por las preguntas con las que examinaba a todo aquel que se acercaba a la barra, su territorio. Ese día, la ministra de Educación bajó a por un café con leche de soja. Mientras la máquina se calentaba, el camarero le preguntó:

—Señora, usted es ministra de Educación, ¿no es así?

—Así es, Sócrates.

—Qué bien. Entonces, si no le es molestia y tiene algo de tiempo, quizá pueda arrojar algo de luz sobre una duda que mi ignorancia me impide resolver.

—Tengo tiempo y no me molestas, ¿cuál es esa duda que te inquieta? Espero poder ayudarte.

—¿Qué diferencia hay entre moral y ética?

—Esa respuesta la tengo y si me acompañas el café con un trozo de bizcocho casero, te la regalo.

—Trato hecho.

—Pues bien, Sócrates, déjame que te ilustre. La palabra *moral* proviene de la latina *mos, moris*, que significa 'costumbre'. La moral es el conjunto de normas, valores e incluso creencias que funcionan como directrices de un determinado grupo social.

—Entonces, señora ministra, no habría una moral, sino varias.

—Dices bien, Sócrates. Habría tantas como grupos sociales; es por ello que hablamos de una moral cristiana o de una moral conservadora. Fíjate que, por ello, Marx afirmó que la moral no era otra cosa que ideología.

—¿Y se podría hablar de una moral progresista, socialista o feminista?

—Eso, Sócrates, me cuesta admitirlo. Podría aceptarlo si reconocemos que esos tres movimientos han alumbrado unos valores que no solo pertenecen a un determinado grupo social, sino a la totalidad del género humano.

—De eso parece que no hay duda, la mayoría apreciamos como valiosos el cuidado del medio ambiente, la igualdad de género, la solidaridad o el respeto a los derechos humanos; aunque para no contradecirnos con la definición de moral que hemos acordado, parece que es inevitable que asumamos que también existe una moral progresista, socialista o feminista, ¿no le parece?

—Sí, eso parece.

—Pero dejemos ese tema por el momento, y pasemos ahora, si le parece a usted bien, a definir la ética. ¿Puede precisarme qué cosa es y en qué se diferencia de la moral?

—Puedo, Sócrates. La ética es la investigación filosófica sobre los problemas que la moral nos plantea. Así como el territorio es el objeto de estudio de la geografía, la moral lo es de la ética. Observa cómo la mayor parte de nuestras acciones cotidianas se basan en las costumbres adquiridas, es decir, en la moral. Pues bien, Sócrates, la ética aspira a que se basen en la reflexión. Aristóteles señaló que la capacidad racional nos permite deliberar acerca de nuestro comportamiento, ser libres para elegir el acto que nos parece más adecuado, hacernos por tanto responsables de nuestra conducta y estar obligados a dar razones a los otros de nuestra manera de proceder. El que actúa moralmente lo hace de manera irreflexiva, movido por las normas, los valores y las creencias que otros le han trasmitido; en cambio, el que actúa éticamente lo hace de manera reflexiva. Por eso Kant indicaba que la autonomía de la razón para determinar la conducta es la señal de madurez moral frente a aquel que aún necesita de la guía de otros.

—Si la he entendido bien, señora ministra, la moral se transmite, mientras que la ética se piensa.

—Exacto, Sócrates.

—Y sería preferible la ética a la moral, ya que es preferible enseñar a usar la propia razón en el obrar que servirse de tutelas externas. Es mejor enseñar a pensar que enseñar a obedecer.

—¡Muy bien dicho, Sócrates! ¡Pareces un filósofo!

—Y dígame, señora ministra, ¿por qué entonces han eliminado ustedes la Ética de nuestro sistema educativo? ¿Acaso prefieren que nuestros alumnos aprendan a obedecer antes que a pensar?

—Eso no es exactamente así, Sócrates; tan solo le hemos cambiado el nombre por el de Valores Cívicos y Éticos.

—Pero ¿no habíamos acordado que una cosa era el territorio y otra la geografía?

—En efecto, Sócrates, pero no sé a qué viene eso ahora.

—Pues a que, de igual manera, una cosa será la transmisión de unos determinados valores que el Gobierno considera valiosos, y otra bien distinta la reflexión sobre qué valores son valiosos y por qué. No parece ser lo mismo memorizar normas que analizar y argumentar la conducta; ni creer que cuestionar, o empatizar que razonar. ¿No corre el peligro su asignatura de ser una moral de Estado?

—Lo siento, Sócrates, se me hace tarde. Tengo que subir al despacho. ¿Me pones el café para llevar?

—¿Con cicuta, como siempre?

—¿Cómo dice?

—Disculpe, con estevia quería decir. No sé en qué estaría pensando.

¿Se puede vivir sin ética? Claro que sí, igual que se puede vivir sin arte, sin justicia, sin amor, sin belleza, sin amistad o sin verdad. La pregunta es si esa vida es digna de ser vivida.

«PENSAR CON LOS OJOS»

PROPUESTA PARA UN CINECLUB

Afirmaba Ortega y Gasset que «ver es pensar con los ojos» y su discípulo más querido, Julián Marías, debió hacerle caso, puesto que además de filósofo fue uno de los mejores críticos de cine de nuestro país. Filosofía y cine se conectan, se imbrican y a veces hasta se confunden. En este listado se recogen propuestas para ilustrar y profundizar en los temas trabajados en este libro y para organizar un cineclub filosófico.

#FiloReto_1
¿PERDONARÍAS A UN ASESINO CON ALZHÉIMER?

Las uvas de la ira (John Ford, 1940)
La caja de música (Costa-Gavras, 1989)
El extraño caso del Dr. Jekyll (Victor Fleming, 1941)
Memento (Christopher Nolan, 2000)
Shutter Island (Martin Scorsese, 2010)

#FiloReto_2
¿EN QUÉ CATEGORÍA DEBE COMPETIR UNA MUJER TRANS?

Tarde de perros (Sidney Lumet, 1975)
20.000 especies de abejas (Estibaliz Urresola Solaguren, 2023)
La vida de Brian (Terry Jones, 1979)
Hacia mi nombre (Nicolo Bassetti, 2022)
Finlandia (Horacio Alcalá, 2021)
Girl (Lukas Dhont, 2018)
Tomboy (Céline Sciamma, 2011)
Boys Don't Cry (Kimberly Peirce, 1999)

#FiloReto_3
¿QUÉ CÓDIGO ÉTICO INSTALARÍAS EN TU COCHE?

La decisión de Sophie (Alan J. Pakula, 1982)
2001: una odisea del espacio (Stanley Kubrick, 1968)
El dilema (Michael Mann, 1999)
Oppenheimer (Christopher Nolan, 2023)
Hotel Rwanda (Terry George, 2004)
El caballero oscuro (Christopher Nolan, 2008)
Gran Torino (Clint Eastwood, 2008)
El experimento (Oliver Hirschbiegel, 2001)
Los santos inocentes (Mario Camus, 1984)
La gran evasión (John Sturges, 1963)

#FiloReto_4
¿MEJORARÍAS GENÉTICAMENTE A TU HIJO?

Un mundo feliz (Burt Brinckerhoff, 1980)
La naranja mecánica (Stanley Kubrick, 1971)
Gattaca (Andrew Niccol, 1997)
Klute (Alan J. Pakula, 1971)
La fuga de Logan (Michael Anderson, 1976)
La isla del doctor Moreau (John Frankenheimer, 1996)
Blade Runner (Ridley Scott, 1982)

#FiloReto_5
¿QUÉ VIDA ESCOGERÍAS SI VOLVIERAS A NACER?

Langosta (Yorgos Lanthimos, 2015)
El festín de Babette (Gabriel Axel, 1987)
La gran comilona (Marco Ferreri, 1973)
Ciudadano Kane (Orson Welles, 1941)
Casablanca (Michael Curtiz, 1942)
Cuentos de Tokio (Ingmar Bergman, 1957)
Vivir (Akira Kurosawa, 1952)
Cantando bajo la lluvia (Stanley Donen y Gene Kelly, 1952)
El apartamento (Billy Wilder, 1960)
Cuentos de la luna pálida (Kenji Mizoguchi, 1953)

#FiloReto_6
¿SALVARÍAS A TU PERRO O AL BEBÉ DEL VECINO?

El pequeño salvaje (François Truffaut, 1970)
El origen del planeta de los simios (Rupert Wyatt, 2011)
El hombre que susurraba a los caballos (Robert Redford, 1998)
Gorilas en la niebla (Michael Apted, 1988)
Earthlings (Shaun Monson, 2005)
Lo que el pulpo me enseñó (Pippa Ehrlich y James Reed, 2020)
The Cove (Louie Psihoyos, 2009)
Okja (Bong Joon-ho, 2017)

#FiloReto_7
¿PODEMOS SER AMIGOS CON DERECHO A ROCE?

Cuando Harry encontró a Sally (Rob Reiner, 1989)
El último tango en París (Bernardo Bertolucci, 1972)
Érase una vez en América (Sergio Leone, 1984)
Intocable (Olivier Nakache y Eric Toledano, 2011)
Cuenta conmigo (Rob Reiner, 1989)
La boda de mi mejor amigo (P. J. Hogan, 1997)
Forrest Gump (Robert Zemeckis, 1994)
Vicky Cristina Barcelona (Woody Allen, 2008)
Her (Spike Jonze, 2013)

Extraños en un tren (Alfred Hitchcock, 1951)

Match Point (Woody Allen, 2005)

Delitos y faltas (Woody Allen, 1989)

Crimen y castigo (Josef von Sternberg, 1935)

Anatomía de una caída (Justine Triet, 2023)

Solo ante el peligro (Fred Zinnemann, 1952)

Sully (Clint Eastwood, 2016)

El secreto de sus ojos (Juan José Campanella, 2009)

Incidente en Ox-Bow (William A. Wellman, 1943)

American Psycho (Mary Harron, 2000)

El lobo de Wall Street (Martin Scorsese, 2013)

Uno de los nuestros (Martin Scorsese, 1990)

Bibliografía

GENERAL

ALARCOS MARTÍNEZ, Francisco José (2015), *Ética para seducir: cinco vías para hacer creíble la ética cristiana*, Barcelona, Herder.

ARANGUREN, José Luis L. (1994), *Ética*, Madrid, Trotta.

— (1991), *De ética y de moral: lo que sabemos de moral. Moral de la vida cotidiana, personal y religiosa*, Barcelona, Círculo de Lectores.

BRANDT, Richard. B. (2006), *Teoría ética*, Madrid, Alianza.

CAMPS, Victoria (2017), *Breve historia de la ética*, Barcelona, RBA.

CORTINA, Adela (2010), *Ética mínima: introducción a la filosofía práctica*, Madrid, Tecnos.

— (2000), *La ética de la sociedad civil*, Madrid, Anaya.

ECHEVERRÍA, Javier (2007), *Ciencia del bien y del mal*, Barcelona, Herder.

FERRATER MORA, José y Priscilla COHN (1981), *Ética aplicada: del aborto a la violencia*, Madrid, Alianza.

FOOT, Philippa (1974), *Teorías sobre ética*, Madrid, Fondo de Cultura Económica de España.

Guisán, Esperanza (2010), *Introducción a la ética*, Madrid, Cátedra.

Höffe, Otfried (1994), *Diccionario de ética*, Barcelona, Crítica.

Lipovetsky, Gilles (2005), *El crepúsculo del deber: la ética indolora de los nuevos tiempos democráticos*, Barcelona, Anagrama.

MacIntyre, Alasdair (2019), *Historia de la ética*, Barcelona, Paidós.

Ricken, Friedo (2010), *Ética general*, Barcelona, Herder.

Sánchez Vázquez, Adolfo (1999), *Ética*, Barcelona, Booket.

Trías, Eugenio (2000), *Ética y condición humana*, Barcelona, Península.

Williams, Bernard (1988), *Introducción a la ética*, Madrid, Cátedra.

Introducción

Jaeger, Werner (2020), *Paideia: los ideales de la cultura griega*, Madrid, Fondo de Cultura Económica.

Jenofonte (2022), *Apología. Banquete. Recuerdos de Sócrates*, Madrid, Alianza.

Platón (2014), *Apología de Sócrates*, Barcelona, Gredos.

Savater, Fernando (2006), *Invitación a la ética*, Barcelona, Anagrama.

Singer, Peter (2021), *Ética práctica*, Madrid, Akal.

#FiloReto_1. ¿Perdonarías a un asesino con alzhéimer?

Aristóteles (2014), *Ética a Nicómaco*, Barcelona, Gredos.

Badiou, Alain (2005), *La ética: sobre la conciencia del mal*, Barcelona, Herder.

CRUZ, Manuel (1999), *Hacerse cargo: sobre responsabilidad e identidad personal*, Barcelona, Paidós.

FRANKL, Viktor (2021), *El hombre en busca de sentido*, Barcelona, Herder.

FROMM, Erich (2015), *Ética y psicoanálisis*, Madrid, Fondo de Cultura Económica.

GIDDENS, Anthony (1997), *Modernidad e identidad del yo, el yo y la sociedad en la época contemporánea*, Barcelona, Península.

HERÓDOTO, *Historia*, Barcelona, Gredos.

HOMERO (2014), *Odisea*, Barcelona, Gredos.

KANT, Immanuel (2024), *Fundamentación de la metafísica de las costumbres*, Madrid, Akal.

LOCKE, John (2018), *Compendio del Ensayo sobre el entendimiento humano*, Madrid, Alianza.

MÈLICH, Joan-Carles (2010), *Ética de la compasión*, Barcelona, Herder.

— (2004), *La lección de Auschwitz*, Barcelona, Herder.

PARFIT, Derek (2005), *Razones y personas*, Madrid, Machado.

PLUTARCO (2023), *Vidas paralelas. Teseo, Rómulo, Licurgo, Numa*, Barcelona, Gredos.

REID, Thomas (2014), *Ensayo sobre los poderes activos de la mente humana*, Madrid, Tecnos.

STEINBECK, John (2019), *Las uvas de la ira*, Madrid, Alianza.

STEVENSON, Robert Louis (2006), *El extraño caso del doctor Jekyll y el señor Hyde*, Madrid, Teide.

#FILORETO_2. ¿EN QUÉ CATEGORÍA DEBE COMPETIR UNA MUJER TRANS?

AMORÓS, Celia (2000), *Feminismo y filosofía*, Madrid, Síntesis.

AUSTIN, John L. (1982), *Cómo hacer cosas con palabras: palabras y acciones*, Barcelona, Paidós.

Bernabé, Daniel (2018), *La trampa de la diversidad: cómo el neoliberalismo fragmentó la identidad de la clase trabajadora*, Madrid, Akal.

Butler, Judith (2024), *¿Quién teme al género?*, Barcelona, Paidós.

— (2023), *El género en disputa: el feminismo y la subversión de la identidad*, Barcelona, Paidós.

Calderón Fernández, Diana (2023), *El mundo según Brigitte*, Barcelona, Planeta.

Camps, Victoria (2013), *El siglo de las mujeres*, Madrid, Cátedra.

Davis, Angela (2022), *Mujeres, raza y clase*, Madrid, Akal.

De Beauvoir, Simone (2017), *El segundo sexo*, Madrid, Cátedra.

Haraway, Donna (2020), *Manifiesto cíborg*, Madrid, Kaotika.

Machado, Antonio (2003), *Proverbios y cantantes*, Madrid, El País.

Nussbaum, Martha (2012), *Las mujeres en el desarrollo humano: el enfoque de las capacidades*, Barcelona, Herder.

Pérez, Marino y José Errasti, *Nadie nace en un cuerpo equivocado: éxito y miseria de la identidad de género*, Barcelona, Deusto.

Preciado, Paul B. (2019), *Un apartamento en Urano: crónicas del cruce*, Barcelona, Anagrama.

— (2016), *Manifiesto contrasexual*, Barcelona, Anagrama.

Valcárcel, Amelia (2008), *Feminismo en el mundo global*, Madrid, Cátedra.

#FiloReto_3. ¿Qué código ético instalarías en tu coche?

Bentham, Jeremy (2008), *Introducción a los principios de la moral y la legislación*, Buenos Aires, Claridad.

BODEN, Margaret A. (2022), *Inteligencia artificial*, Madrid, Turner.

BOSTROM, Nick (2016), *Superinteligencia: caminos, peligros, estrategias*, México, TEELL.

BRYNJOLFSSON, Erik y Andrew MCAFEE (2013), *La segunda era de las máquinas: trabajo y prosperidad en una era de tecnologías brillantes*, Argentina, Temas.

CAMPS, Victoria; GUARIGLIA, Osvaldo y Fernando SALMERÓN (2004), *Concepciones de la ética*, Madrid, Trotta.

CERDÁ, David (2022), *Ética para valientes: el honor en nuestros días*, Madrid, Rialp.

COECKELBERGH, Mark (2021), *Ética de la inteligencia artificial*, Madrid, Cátedra.

DONNE, John (2021), *Meditaciones en tiempos de crisis*, Barcelona, Ariel.

HARE, R. M. (1975), *El lenguaje de la moral*, México, Instituto de Investigaciones Filosóficas.

KANT, Immanuel (2013), *Crítica de la razón práctica*, Madrid, Alianza.

LATORRE SENTÍS, José Ignacio (2019), *Ética para máquinas*, Barcelona, Ariel.

LE GUIN, Ursula K. (2022), *Los que marchan de Omelas*, Madrid, Nórdica.

LÓPEZ DE MÁNTARA BADIA, Ramón y Pedro MESEGUER GONZÁLEZ (2017), *Inteligencia artificial*, Madrid, Catarata y CSIC.

MOORE, George Edward (2002), *Principia Ethica*, Barcelona, Crítica.

MILL, John Stuart (2014), *El utilitarismo*, Madrid, Alianza.

O'NEIL, Cathy (2018), *Armas de destrucción matemática: cómo el Big Data aumenta la desigualdad y amenaza la democracia*, Madrid, Capitán Swing.

PÉTREMENT, Simone (2013), *Vida de Simone Weil*, Madrid, Trotta.

PLATÓN (2014), *Las leyes*, Madrid, Alianza.

RAWLS, John (2006), *Teoría de la justicia*, Madrid, Fondo de Cultura Económica.

ROSS, David (1994), *Lo correcto y lo bueno*, Salamanca, Sígueme.

— (1972), *Fundamentos de ética*, Buenos Aires, Eudeba.

TEGMARK, Max (2018), *Vida 3.0: ser humano en la era de la inteligencia artificial*, Barcelona, Taurus.

THOMAS, Nagel (2000), *La posibilidad del altruismo*, Madrid, Fondo de Cultura Económica.

URIEL, Huaytan (2012), *Tres versiones del utilitarismo: Jeremy Bentham, John Stuart Mill, y Peter Singer*, Londres, Editorial Académica Española.

WEIL, Simone (2019), *La persona y lo sagrado*, Madrid, Hermida.

—(2000), *Escritos de Londres y últimas cartas*, Madrid, Trotta.

#FiloReto_4. ¿Mejorarías genéticamente a tu hijo?

BEAUCHAMP, Tom. L. y James F. CHILDRESS (1998), *Principios de ética médica*, Barcelona, Masson.

BOSTROM, Nick y Julian SAVULESCU (2017), *Mejoramiento humano*, México, TEELL.

BURGESS, Anthony (2023), *La naranja mecánica*, Barcelona, Minotauro.

DIÉGUEZ, Antonio (2021), *Cuerpos inadecuados: el desafío transhumanista a la filosofía*, Barcelona, Herder.

— (2017), *Transhumanismo: la búsqueda tecnológica del mejoramiento humano*, Barcelona, Herder.

FERRANDO, Francesca (2023), *Posthumanismo filosófico*, Segovia, Materia Oscura.

Fukuyama, Francis (2003), *El fin del hombre: consecuencias de la revolución biotecnológica*, Barcelona, Punto de Lectura.

Habermas, Jürgen (2012), *El futuro de la naturaleza humana: ¿hacia una eugenesia liberal?*, Barcelona, Paidós.

Huxley, Aldous (2003), *Un mundo feliz*, Barcelona, Debolsillo.

Lumbreras, Sancho, «Transhumanismo: ¿la idea más peligrosa del siglo xx o la más brillante?», en Pérez Castells, Javier (2021), *La ciencia contra Dios: las preguntas clave en ciencia y fe*, Madrid, Digital Reasons.

Pico della Mirandola, Giovanni (2019), *Discurso sobre la dignidad del hombre: una nueva concepción de la Filosofía*, Buenos Aires, Ediciones Winograd.

Plotino (1982), *Enéadas*, Barcelona, Gredos.

Yuval Noah, Harari (2016), *Homo Deus: breve historia del mañana*, Barcelona, Debate.

Valls, Ramón (2015), *Ética para la bioética*, Barcelona, Gedisa.

#FiloReto_5. ¿Qué vida escogerías si volvieras a nacer?

Daraki, Maria y Gilbert Romeyer-Dherbey (1996), *El mundo helenístico: cínicos, estoicos y epicúreos*, Madrid, Akal.

Epicuro (1987), *Cartas y máximas capitales*, Londres, Pearson Educación.

García Gual, Carlos y María Jesús Ímaz (2008), *La filosofía helenística*, Madrid, Síntesis.

Guisán, Esperanza (coord.) (1988), *Esplendor y miseria de la ética kantiana*, Barcelona, Anthropos.

Guthrie, W. K. C (1972), *Socrates*, Cambridge, Cambridge University Press.

HADOT, Pierre (2021), *Manual para una vida feliz*, Madrid, Errata Naturae.

— (2013), *La ciudadela interior*, Barcelona, Alpha Decay.

— (1998), *¿Qué es la filosofía antigua?*, Madrid, Fondo de Cultura Económica.

LLEDÓ, Emilio (2015), *Memoria de la ética*, Barcelona, Taurus.

LONG, Anthony A. (1977), *La filosofía helenística*, Madrid, Revista de Occidente.

MONTOYA, José y Jesús CONILL (1985), *Aristóteles: sabiduría y felicidad*, Madrid, Cincel.

NARBONA, Rafael (2024), *Maestros de la felicidad: de Sócrates a Viktor Frankl, un viaje único por la historia de la filosofía*, Barcelona, Roca.

NUSSBAUM, Martha C. (2021), *La terapia del deseo: teoría y práctica en la ética helenística*, Barcelona, Paidós.

— (2015), *La fragilidad del bien: fortuna y ética en la tragedia y la filosofía griega*, Madrid, Machado.

PLATÓN (2014), *Apología de Sócrates*, Barcelona, Gredos.

— (2011), *La República o El Estado*, Barcelona, Austral.

REALE, Giovanni (2001), *Platón: en busca de la sabiduría secreta*, Barcelona, Herder.

RODRÍGUEZ DUPLÁ, Leonardo (200), *Ética de la buena vida*, Bilbao, Desclée De Brouwer.

SELIGMAN, Martin E. P. (2011), *La auténtica felicidad*, Barcelona, B de Bolsillo.

TERENCE, Irwin (2000), *La ética de Platón*, México, Universidad Nacional Autónoma de México.

#FILORETO_6. ¿SALVARÍAS A TU PERRO O AL BEBÉ DEL VECINO?

APULEYO, LUCIO y Peter SINGER (ed.) (2022), *El asno de oro*, Barcelona, Ariel.

Aquino, Tomás (2017), *Antropología: textos escogidos de la «Suma teológica»*, Madrid, Rialp.

Ayer, Alfred Julius (1984), *Lenguaje, verdad y lógica*, Salamanca, Orbis.

Bentham, Jeremy (1982), *An Introduction to the Principles of Morals and Legislation*, Victoria (Australia), Law Book Co of Australasia.

Boyle, T. C. (2012), *El pequeño salvaje*, Madrid, Impedimenta.

Carruthers, Peter (2003), *La cuestión de los animales: teoría moral aplicada*, Madrid, Akal.

Cavalieri, Paola y Peter Singer (eds.) (2013), *El Proyecto Gran Simio: la igualdad más allá de la realidad*, Madrid, Trotta.

Cortina, Adela (2010), *Ética mínima: introducción a la filosofía práctica*, Madrid, Tecnos.

— (2009), *Las fronteras de la persona: el valor de los animales, la dignidad de los humanos*, Barcelona, Taurus.

Francione, Gary L., *Lluvia sin truenos: la ideología del movimiento por los derechos animales*, Madrid, Traficantes de sueños.

Gomá Lanzón, Javier (2023), *Universal concreto: método, ontología, pragmática y poética de la ejemplaridad*, Barcelona, Taurus.

— (2019), *Dignidad*, Barcelona, Galaxia Gutenberg.

— (2009), *Ejemplaridad pública*, Barcelona, Taurus.

Gómez Pin, Víctor (2005), *El hombre, un animal singular*, Madrid, La esfera de los libros.

Habermas, Jürgen (2018), *Aclaraciones a la ética del discurso*, Madrid, Trotta.

— (2003), *La ética del discurso y la cuestión de la verdad*, Barcelona, Paidós.

Hierro, José S. P. (1970), *Problemas del análisis del lenguaje moral*, Madrid, Tecnos.

Joy, Melanie (2013), *Por qué amamos a los perros, nos comemos a los cerdos y nos vestimos con las vacas: una introducción al carnismo*, Madrid, Plaza y Valdés.

Mosterín, Jesús (2007), *Racionalidad y acción humana*, Madrid, Alianza.

Salt, Henry S. (1999), *Los derechos de los animales*, Madrid, Catarata.

Stevenson, Charles Leslie (1971), *Ética y lenguaje*, Barcelona, Paidós.

Singer, Peter (2018), *Liberación animal*, Barcelona, Taurus.

Wolf, Ursula (2014), *Ética de la relación entre humanos y animales*, Madrid, Plaza y Valdés.

#FiloReto_7. ¿Podemos ser amigos con derecho a roce?

Aristóteles (2017), *Ética Eudemia*, Madrid, Alianza.

Bauman, Zygmunt (2018), *Amor líquido: sobre la fragilidad de los vínculos humanos*, Barcelona, Paidós.

Benjamin, Walter (2012), *Imágenes que piensan*, Madrid, Abada.

Cicerón (2013), *Sobre la vejez. Sobre la amistad*, Madrid, Alianza.

Cruz, Manuel (2012), *Amo, luego existo: los filósofos y el amor*, Barcelona, Austral.

Han, Byung-Chul (2014), *En el enjambre*, Barcelona, Herder.

Hennig, Jean-Luc (2016), *De la amistad extrema: Montaigne & La Boétie*, Barcelona, Ariel.

Laín Entralgo, Pedro (1994), *Sobre la amistad*, Barcelona, Círculo de Lectores.

Nietzsche, Friedrich (2019), *Humano, demasiado humano*, Madrid, Tecnos.

Ortega y Gasset, José (2011), *Estudios sobre el amor*, Barcelona, Edaf.

Platón (2023), *Lisis: prolegómenos sobre amor y ontología*, Salamanca, Sígueme.

Plutarco (2023), *Sobre la amistad y cómo sacar provecho de los enemigos*, Barcelona, Alma.

Rasmussen, Dennis C. (2018), *El infiel y el profesor*, Barcelona, Arpa.

Séneca (2021), *Sobre la amistad, la vida y la muerte*, Barcelona, Edaf.

Sztajnszrajber, Darío (2023), *El amor es imposible: ocho tesis filosóficas*, Barcelona, Ariel.

Waldo Emerson, Ralph (2018), *Friendship & Other Essays*, Londres, Arcturus Publishing, 2018.

Weber, Max (2014), *Conceptos sociológicos fundamentales*, Madrid, Alianza.

Weil, Simone (2020), *La amistad*, Madrid, Hermida.

Zamora Calvo, José María (2009), *La amistad en la filosofía antigua*, Madrid, UAM Ediciones.

#FiloReto_8. ¿Por qué no ser un cabrón?

Apel, Karl-Otto (2024), *Racionalidad crítica comunicativa*, Albolote (Granada), Comares.

— (1999), *Estudios éticos*, México, Distribuciones Fontamara.

De Quincey, Thomas (2013), *Del asesinato considerado como una de las bellas artes*, Madrid, Alianza.

De Romilly, Jacqueline (2023), *Los grandes sofistas en la Atenas de Pericles*, Barcelona, Gredos.

Dostoyevski, Fiódor M. (2017), *Crimen y castigo*, Barcelona, Alba.

Dueso, José Solana (2013), *Los sofistas: testimonios y fragmentos*, Madrid, Alianza.

HABERMAS, Jürgen (2018), *Teoría de la acción comunicativa*, Madrid, Trotta.

HIGHSMITH, Patricia (1983), *Extraños en un tren*, Barcelona, Anagrama.

HOBBES, Thomas (2018), *Leviatán*, Madrid, Alianza.

— (2005), *Elementos de Derecho Natural y Político*, Madrid, Alianza.

KANT, Immanuel (2012), *Fundamentación para una metafísica de las costumbres*, Madrid, Alianza.

MÈLICH, Joan-Carles (2014), *Lógica de la crueldad*, Barcelona, Herder.

SADE (2022), *Juliette o las prosperidades del vicio*, Madrid, Cátedra.

— (2008), *La filosofía del tocador*, Valdemoro (Madrid), Valdemar.

— (2004), *Justine o los infortunios de la virtud*, Madrid, Cátedra.

SCHOPENHAUER, Arthur (2010), *Los dos problemas fundamentales de la ética*, Madrid, Siglo XXI.

EPÍLOGO: UN PAÍS SIN ÉTICA

TOMASI DI LAMPEDUSA, Giuseppe (2019), *El Gatopardo*, Barcelona, Anagrama.

www.booket.com

www.planetadelibros.com